中等职业学校
课程改革新教材

Qiche Weixiu Jiedai Shiwu
汽车维修接待实务

主　　编　张瑶瑶　蒋　蜜
副主编　胡竹娅　万　宏　张跃红

人民交通出版社股份有限公司
北　京

内 容 提 要

本书是中等职业学校课程改革新教材之一,主要内容包括:认识汽车维修接待、汽车维修接待基本流程和汽车维修接待服务工作。

本书可作为中等职业学校汽车运用与维修专业、汽车车身修复专业、汽车整车与配件营销专业的教材,也可供汽车维修行业相关从业人员参考阅读。

图书在版编目(CIP)数据

汽车维修接待实务/张瑶瑶,蒋蜜主编.—北京:
人民交通出版社股份有限公司,2022.1
ISBN 978-7-114-17724-8

Ⅰ.①汽… Ⅱ.①张…②蒋… Ⅲ.①汽车维修业—商业服务—中等专业学校—教材 Ⅳ.①U472.31

中国版本图书馆 CIP 数据核字(2021)第 241201 号

书　　　名:	汽车维修接待实务
著 作 者:	张瑶瑶　蒋　蜜
责任编辑:	李佳蔚
责任校对:	孙国靖　魏佳宁
责任印制:	刘高彤
出版发行:	人民交通出版社股份有限公司
地　　址:	(100011)北京市朝阳区安定门外外馆斜街 3 号
网　　址:	http://www.ccpcl.com.cn
销售电话:	(010)59757973
总 经 销:	人民交通出版社股份有限公司发行部
经　　销:	各地新华书店
印　　刷:	北京市密东印刷有限公司
开　　本:	787×1092　1/16
印　　张:	16.5
字　　数:	280 千
版　　次:	2022 年 1 月　第 1 版
印　　次:	2022 年 1 月　第 1 次印刷
书　　号:	ISBN 978-7-114-17724-8
定　　价:	42.00 元

(有印刷、装订质量问题的图书由本公司负责调换)

中等职业学校课程改革新教材编委会

(排名不分先后)

主　　任：王永莲(四川交通运输职业学校)　　　王德平[贵阳市交通(技工)学校]
副 主 任：韦生键(成都汽车职业技术学校)　　　陈晓科(郴州工业交通学校)
　　　　　张扬群(重庆市渝北职业教育中心)　　　刘高全(四川科华高级技工学校)
　　　　　蒋红梅(重庆立信职业教育中心)　　　余波勇(郫县友爱职业技术学校)
　　　　　姜雪茹(成都市工业职业技术学校)　　　袁家武[贵阳市交通(技工)学校]
　　　　　黄　轶(重庆巴南职业教育中心)　　　　徐　力(成都工程职业技术学校)
　　　　　张穗宜(宜宾市工业职业技术学校)　　　刘新江(四川交通运输职业学校)
委　　员：柏令勇　杨二杰　黄仕利　雷小勇　钟声　夏宇阳　陈瑜　袁永东
　　　　　雍朝康　黄靖淋　何陶华　胡竹娅　税发莲　张瑶瑶
　　　　　盛　夏(四川交通运输职业学校)
　　　　　谢可平　王　健　李学友　姚秀驰　王　建　汤　达
　　　　　侯　勇[贵阳市交通(技工)学校]
　　　　　王丛明　陈凯镁(成都市工业职业技术学校)
　　　　　韩　超(成都工程职业技术学校)
　　　　　向　阳　秦政义　曾重荣(成都汽车职业技术学校)
　　　　　袁　亮　陈淑芬　李　磊(郴州工业交通学校)
　　　　　向朝贵　丁　全(郫县友爱职业技术学校)
　　　　　石光成　李朝东(重庆巴南职业教育中心)
　　　　　唐守均(重庆市渝北职业教育中心)
　　　　　夏　坤(重庆立信职业教育中心)
　　　　　周　健　向　平(四川科华高级技工学校)
　　　　　伍鸿平(宜宾市工业职业技术学校)
丛书总主审：朱　军
秘　　书：戴慧莉

前言

　　本套"中等职业学校课程改革新教材"自2010年首次出版以来,多次重印,被全国多所中等职业院校选为汽车运用与维修专业教学用书,受到了广大师生的好评。2012年根据教学需求,本套教材进行了修订,使之在结构和内容上与教学内容更加吻合,更注重对学生实践能力的培养。

　　为了体现现代职业教育理念,贴近汽车运用与维修专业实际教学目标,促进"教、学、做"更好地结合,突出对学生技能的培养,使之成为技能型人才,2018年8月,人民交通出版社股份有限公司吸收教材使用院校的意见和建议,组织相关老师,经过充分认真研究和讨论,确定了修订方案,再次对本套教材进行了修订。

　　《汽车维修接待实务》是在本套教材再版时新增加的品种。本教材根据汽车维修服务顾问岗位的真实工作任务设置学习任务,学习任务内容均是通过企业调研、教学团队与企业专家研讨转化而来,保证学习任务中的知识和技能即是企业工作需要,主要有以下特色:

　　(1)注重课程思政。将社会主义核心价值观、职业素养、工匠精神等以小贴士的形式融入教材内容,德技并修。

　　(2)对接职业标准。教材紧扣国家职业标准,参照学生技能大赛评价形式,关注新能源汽车技术发展,学习任务设置基于工作过程。

　　(3)编写体例新颖。吸收发达国家先进职教理念,文字精练,插图丰富;通过工作任务情景导入,图文并茂地呈现理论知识;加入工单及评价表,设置任务情景,配大量实景图,便于实训任务的实施。

　　(4)校企合作编写。作者来源于国内知名职业院校、知名企业,学习任务来源于汽车服务接待岗位一线的典型工作任务,充分考虑全国各地院校分布和实际情况,涉及车型具有代表性,满足汽车维修接待的最新要求,具有普适性。

本书由四川交通运输职业学校张瑶瑶、蒋蜜担任主编,四川交通运输职业学校胡竹娅、万宏、张跃红担任副主编。参加编写的还有成都宝和汽车技术有限公司总经理邱代高、四川申蓉宇丰(上汽荣威)汽车销售服务有限公司技术总监汪大军、四川申蓉广谷(上汽大众)汽车销售服务有限公司服务总监胡贵倩、成都申蓉兴辰(上汽大众)汽车销售服务有限公司增值业务总监任婷婷、成都宝源行(华晨宝马)汽车销售服务有限公司服务顾问贺焦、四川明嘉(北京现代)汽车销售服务有限公司技术总监刘敏。

限于编者水平,书中难免有疏漏和错误之处,恳请广大读者提出宝贵建议,以便进一步修改和完善。

中等职业学校
课程改革新教材编委会
2021 年 8 月

目录

学习任务一　认识汽车维修接待 …………………………………………… 1
　子任务 1　认识汽车售后服务 …………………………………………… 1
　子任务 2　认识汽车维修接待岗位 ……………………………………… 14
　子任务 3　认识汽车维修法律法规 ……………………………………… 24
　子任务 4　认识汽车维修接待基本礼仪 ………………………………… 31
　子任务 5　早会管理与 7S 管理 …………………………………………… 50

学习任务二　汽车维修接待基本流程 ……………………………………… 71
　子任务 1　客户预约 ……………………………………………………… 71
　子任务 2　接待前准备 …………………………………………………… 95
　子任务 3　互动式接待 …………………………………………………… 108
　子任务 4　目录式报价 …………………………………………………… 136
　子任务 5　维修与质检 …………………………………………………… 146
　子任务 6　结算与交车 …………………………………………………… 156
　子任务 7　跟踪回访 ……………………………………………………… 173
　子任务 8　常见维修项目接待 …………………………………………… 191

学习任务三　汽车维修接待服务工作 ……………………………………… 209
　子任务 1　汽车保险理赔服务 …………………………………………… 209
　子任务 2　汽车质量担保与索赔 ………………………………………… 226
　子任务 3　维修客户档案管理 …………………………………………… 240

参考文献 …………………………………………………………………… 255

学习任务一　认识汽车维修接待

子任务1　认识汽车售后服务

学习目标

完成本学习任务后,你应该:

1.能够说出汽车售后服务所包含的主要内容;

2.能够举例说明常见汽车维修企业类型,并能说出各类企业经营模式优缺点;

3.能够说出汽车售后服务部门职能及主要工作内容。

学习内容

1.汽车维修企业类型;

2.汽车4S店售后服务部门职能;

3.汽车售后服务部门岗位。

建议学时:6学时

 任务描述

作为一名职业学校汽车专业的学生,小陈同学即将毕业走上工作岗位,经过三年刻苦学习,他专业知识扎实,动手操作能力强,多次参加汽车专业技能比赛并取得好成绩,他热爱汽车专业,准备毕业后进入汽车4S店从事汽车售后服务工作。小陈同学应该如何准备,才能更好地适应工作呢?

任务分析

尽管小陈同学在学校系统地学习了汽车专业知识和核心技能,但缺乏工作经验,对4S店情况了解不够深入,因此,他在掌握汽车维修专业知识、技能的基础

上,还需要对汽车行业(企业)有充分的了解,熟悉汽车售后企业类型,了解汽车售后服务工作的内容,清楚4S店售后服务部门的职能及各岗位工作职责,并且结合自身兴趣、爱好及能力等各方面因素进行综合评估。

一、知识准备

2021年1月7日,公安部交通管理局发布消息,截至2020年底,全国汽车保有量达2.81亿辆,2020年全国新注册登记汽车2424万辆,比2019年减少153万辆,下降5.95%。

近年来,由于国内综合交通枢纽的快速建设、各地汽车限购政策的实施、城市公共交通线网密度提升等因素的影响,汽车整车销售开始进入"平缓增长期",大、中型城市的汽车销售量有下滑趋势,汽车经销商的销售利润急速下降,部分车型已处于零利润销售状态。因此,汽车生产厂商、中间经销商等相关企业纷纷将目光转向与消费者息息相关的汽车售后服务市场。在此形势下,我国汽车售后服务企业应紧跟时代发展步伐,积极调整,以应对复杂多变的汽车后市场。

(一)汽车售后服务的定义和内容

根据汽车在使用过程中服务的范围不同,汽车售后服务可分为广义的汽车售后服务和狭义的汽车售后服务两种。

广义上的汽车售后服务是指为汽车使用者提供购买后的各种服务,包括加油、洗车、美容装饰、维护、修理改装、旧车交易、保险理赔、检测检验等,还有衍生的租赁出租、物流运输、汽车用品、金融信贷、勘查定损、汽车认证、汽车导航、汽车俱乐部、汽车媒体、汽车文化、停车服务等。

狭义上的汽车售后服务主要是指汽车维修服务企业为汽车使用者提供的维修、美容装饰、故障检测、零部件供应、保险理赔和二手车交易(图1-1)等相关服务,具体包含以下内容:

(1)由汽车生产商提供的汽车服务网络或网点的建设、产品的质量保修、技术培训、技术咨询、配件供应、产品选装、信息反馈与加工;

(2)为汽车整车及零配件生产商提供物流配送服务;

(3)汽车的养护、检测、维修、美容、改装服务;

(4)汽车配件经营;

(5)汽车美容装饰用品的销售和安装;

(6)汽车故障救援服务;

(7)汽车租赁服务;
(8)汽车保险服务;
(9)二手车交易。

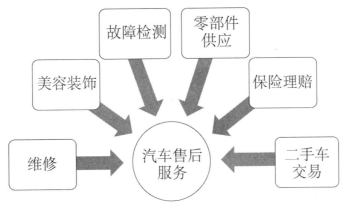

图1-1 汽车售后服务

小贴士

21世纪,在国际汽车工业竞争中,服务将成为独特的、超值的产品,成为汽车企业竞争取胜的关键之一。通用、福特、丰田等公司都已提出由制造企业向消费服务企业转变,由以产品为中心向以客户为中心转变的发展战略。

汽车售后服务关键在"服务"二字,服务质量的好坏、服务水平的高低很大程度决定了汽车用户的满意程度。因此,作为汽车售后服务的从业人员,应更加注重服务质量,在汽车售后服务相关岗位上兢兢业业,诚实守信、忠诚敬业,用心对待客户。

(二)汽车维修企业的类型

汽车维修企业是从事汽车维护和修理生产的经济实体,一般包括汽车维护企业、汽车修理企业、汽车专项修理企业、汽车技术状况诊断检测站等。到目前为止,全国各种规模的维修企业已经发展到近30万家。

1.汽车维修企业的分类

按照《汽车维修业开业条件》(GB/T 16739.1—2014),将汽车维修企业分为三类:一类汽车维修企业、二类汽车维修企业和三类汽车维修业户。

(1)一类汽车维修企业是从事汽车大修和总成修理生产的企业,也可从事汽车维护、汽车小修和汽车专项修理生产。

(2)二类汽车维修企业是从事汽车一级、二级维护和汽车小修生产的企业。

(3)三类汽车维修业户是专门从事汽车专项修理(或维护)生产的企业和个

体户。专门从事某一车型维修的汽车制造厂维修中心和特约维修站也参照相应条件进行分类。

2. 汽车售后服务经营模式

从目前的汽车售后服务方式分析,我国汽车售后服务主要有3S/4S店或特约维修站、传统大中型维修企业、路边店、专项维修店、快修连锁店、汽车俱乐部六种经营模式(图1-2)。

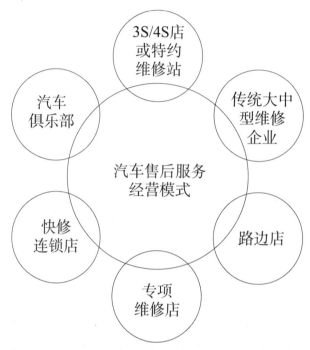

图1-2　我国汽车售后服务的六种经营模式

(1)3S/4S店或特约维修站(图1-3)。

3S/4S店或特约维修站就是整车生产厂商主导的非独立渠道,零配件主要通过整车厂商的销售部门直接到达3S/4S店或特约维修站,少部分也会通过分销渠道。3S/4S店或特约维修站的特点是:整体形象好,服务系统、周到、专业;投资成本高;服务费较高,维修车型单一,人员素质高;管理系统流程化;拥有维修、配件质量有保障;拥有来自整车厂商的支持和监督;地理位置存在一定局限性。

(2)传统大中型维修企业(图1-4)。

该类企业存在的时间比较长,厂房面积大,设备多,维修人员经验丰富;投资成本高;服务收费高,服务意识相对薄弱;机制不够灵活;有一大批稳定客户,与保险公司通常有较好的合作关系;环境一般,但服务时间长。

图1-3 4S店（上汽大众斯柯达）

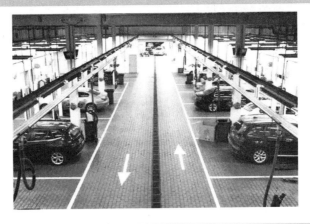

图1-4 大型维修厂

(3) 路边店（图1-5）。

路边店的规模小，整体形象一般，地理位置往往方便停车维修；占地少，投资低，多为临时经营性质；服务人员少，技术水平相对落后；产品来源无法确认，维修质量难以保证；收费低，常规服务时间短。

图1-5 汽车修理路边店

(4) 专项维修店（图1-6）。

专项维修店都有至少一项技术专长，服务快捷；投资低，对场地及人员的要求不高;专项维修技术高;专项服务规范化、系统化,质量有保证;服务项目相对比较单一。

图1-6 专项维修店(汽车美容)

(5)快修连锁店(图1-7)。

快修连锁是近年在国内兴起的经营模式,其依托强势品牌,具有较好的形象;连锁企业网点多,且靠近车主活动区域;通常有统一服务和收费规范、服务质量的承诺;企业也存在维修水平良莠不齐的现象。

图1-7 快修连锁店

(6)汽车俱乐部。

汽车俱乐部是提供汽车救援和各种便利性服务的全方位汽车保障机构,融合汽车服务、汽车文化与汽车运动为一体。汽车俱乐部主要服务内容有汽车租赁、保险索赔、事故处理、车辆救援、维护与修理、经验交流、信息交流、休闲娱乐等,是专为有车单位或有车一族服务的高级会所。汽车俱乐部采用会员制,以技术过硬、设备齐全、服务周到的汽车修理厂为依托,与商场、宾馆、加油站、旅游公司等单位联手建立各地的服务网络,从购车到汽车美容,从娱乐到旅游、购物等,只要凭着一张会员卡,就能享受到最优惠的价格、最优质的服务。

(三)汽车4S店售后服务部门的职能

4S店是一种以"四位一体"为核心的汽车售后服务特许经营模式,包括整车销售、零配件供应、售后服务、信息反馈等。4S店通常会设立售后服务部门,随着汽车市场保有量的提高,消费者对售后服务的要求越来越高,售后服务部门也逐渐成为各4S店最重要的部门之一,售后服务部门的部门职能包括以下几个方面:

(1)根据各品牌汽车公司下达的年度目标,制订销售服务点年度工作目标和工作计划并实施;

(2)负责各品牌汽车公司的售后服务工作,车辆的维护、保修和修理;

(3)执行各品牌汽车公司各类服务标准规范、政策;

(4)建立、完善客户档案,定期回访用户,做好用户终身服务;

(5)处理客户投诉、协助客户满意度调查;

(6)配合索赔备件部、销售部做好备件购销、新车准备工作;

(7)及时反馈各品牌汽车公司所需的各种信息、报表。

(四)汽车售后服务部门的岗位设置与职责

1.汽车售后服务部门的岗位设置

不同规模、不同品牌的汽车4S店售后服务部门对岗位的设计与安排会有所区别,以下提供一个汽车售后服务部门岗位设置的范本供参考(图1-8)。

2.汽车售后服务部门的岗位职责

汽车售后服务部门业务多,岗位设置也就较为齐全,汽车售后服务部门主要的几个岗位及各自职能如下。

1)售后服务部经理

(1)严格执行品牌公司的服务政策及地方行业管理处的各项标准、政策和程序,并接受监督;

(2)严格贯彻执行公司各类规范及规章制度、目标和要求,并监督检查实施结果;

(3)根据要求审核并及时签发品牌公司相关报表和文件;

(4)对售后的生产经营、技术、质量、行政工作全面负责,确保各项技术、质量、经济指标全面完成,同时负责公司企业文化和服务宗旨的宣传和贯彻;

(5)负责处理由直接下属无法处理的客户投诉和其他部门转交过来的客户投诉;

(6)负责向厂家、集团公司相关部门及时上报和督促下属上报相关报表和文件;

(7)负责部门各项会议的定期召开,对日常工作进行分析总结,并不断改进、优化,制订出工作计划、PDCA及相关的报表;

(8)负责协调维修站本部门内部的工作、业务关系,互相配合、互相促进,以完成其他工作任务。

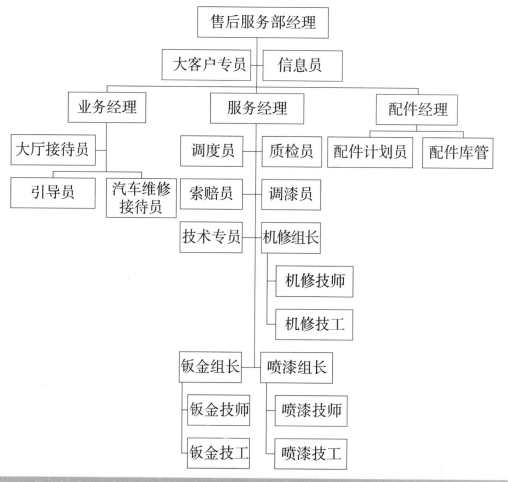

图1-8 某4S店售后服务部岗位设置

2)业务经理

(1)执行和落实公司的各项规章制度,制订本部门工作计划,组织完成公司

下达的各项任务;

(2)负责与用户有关过程的控制,包括汽车维修合同的评审、签订及修订的协调,肇事车、大修车的合同的评审签字确认,业务接待、索赔过程的控制;

(3)指导和监督直接下属开展工作并提供实时支持;

(4)加强与客户的沟通,及时解决或征集客户意见,同时进行汇总,并付诸改进措施;

(5)开展市场调查,及时了解客户需求和同行最新情况,开拓维修市场;

(6)督促检查本部门服务、价格、质量、进度等情况,落实执行服务规范、操作规程;

(7)负责本部门员工的教育和培训,掌握员工思想状况,充分调动直接下属各职能部门的积极性,激发员工的工作热情,提出对直接下属进行奖励、处罚、聘用、辞退的建议;

(8)负责指导下属开展车辆保险业务的开发、估价、索赔的管理工作及车辆保险理赔工作;

(9)协调与其他部门的工作、业务关系,互相配合、互相促进;

(10)完成上级领导授权和交办的其他工作任务。

3)配件经理

(1)负责厂家下达的配件销售任务、集团公司下达的配件销售任务及利润指标的完成;

(2)根据公司的经营目标及整体运作方式,合理制订配件的营销政策,并付诸实施;

(3)督促工作人员做好配件的经营和管理,合理调整库存,加快资金周转,减少滞销品种;

(4)协调计划、采购、入库和出库各岗位之间的工作关系,明确工作流程,保证各环节工作的畅通,不断提高配件供应的满足率、准确率和完成率等;

(5)协调同其他业务部门的关系,确保维修业务及其他配件业务的正常开展,负责配合处理由配件质量、缺件等引起的投诉事宜;

(6)负责配件采购计划的审核、批准工作,检查配件采购计划的落实情况,及时解决配件采购中出现的特殊问题,确保汽车维修需要;

(7)负责库房7S管理工作,设施干净、整洁有序;零件摆放整齐美观;地面货物堆放规范;清洁工具定点摆放;办公用品摆放整齐;

(8)负责协调与业务部、生产部的关系,不断优化、提高配件工作流程。

4）汽车维修接待员

（1）负责按规范要求及时、热忱地接送客户，并实行首问责任制原则；

（2）负责按规范操作流程，准确判断并详细记录维修车辆的相关信息、车主的相关信息、车辆维修的相关信息及其他要求有关手续；

（3）耐心解答客户疑问，保证兑现对客户的承诺，若有问题及时向上级领导反映，取得支持和帮助；

（4）负责及时与客户沟通，对车辆维修过程进行跟踪，车辆维修过程中出现的新的状况及时与客户确认；

（5）负责按规范流程进行索赔相关事务的处理，负责与保险公司对肇事车辆的维修确认。

5）机修工

（1）根据维修派工的分配，认真、仔细地完成维修工作；

（2）负责在维修过程中对客户车辆采取有效的防护措施；

（3）负责按委托书项目进行操作，在维修过程中出现问题及时向管理层汇报；

（4）对每个维修项目必须自检，合格后转到下个工序，不断提高专业技术，保证维修质量；

（5）维修好机工工具设备以及检、测、试设备，随时保持工位整洁。保持责任区域内物品有序堆放和区域内卫生以及设备设施的正常开关及安全使用。

6）钣金工

（1）执行本岗位规定，服从车间调度的工作安排，确定整形、调换、修理部位，如有疑问或施工中遇到问题，应及时与车间主管或业务接待联系，不得擅自增减项目；

（2）规范化作业，确保整形质量，提高客户满意率；

（3）正确使用、维护好校正工具及设备，随时保持工作区域的整洁；

（4）做好车辆及拆装件的标识、储存、交付工作，维修完工自检合格签章；

（5）严格遵守操作规程，在电焊、气焊等特种操作时按安全操作规定，搞好安全工作，保证维修质量，做好上下道工序的衔接配合；

（6）积极参加由服务部组织的新车型、新技术培训。

7）喷漆工

（1）执行本岗位职责，服从车间调度统一调配，接到派工后，按单仔细检查，确认故障所在；

（2）严格按照操作规程维修车辆，确保故障杜绝，返工返修不超过标准，杜绝

修理质量事故的发生,增强优质服务意识;

(3)维修好工具设备和检、测、试设备,随时保持工位整洁。保持责任区域内的物品有序堆放和区域内卫生以及设备设施的正常开关及安全使用;

(4)施工中遇到问题及时与车间调度或与服务顾问联系,不得擅自增减项目;

(5)做好车辆及拆装件的标识、储存、交付,维修完工自检合格后盖章;

(6)对所使用油漆颜色的准确率进行鉴定,并对最终的油漆质量负责。

二、任务实施

(一)任务目标

(1)能够说出汽车售后所包含的主要服务内容;
(2)能够举例说明常见的汽车维修企业类型;
(3)能举例说明各类企业经营模式的优缺点;
(4)能够说出汽车售后服务的主要工作内容及部门职能;
(5)能够描述或画出汽车4S店售后服务部门岗位图,并简述主要岗位的岗位职责。

(二)准备工作

(1)学生分组(4~5人一组),明确组内分工及职责;
(2)为了帮助小组成员更好地完成实战演练任务,准备了汽车维修岗位测试表(表1-1),请采用该表格查漏补缺,帮助小陈同学全面了解汽车维修企业和岗位。

汽车维修岗位测试表　　　　　　　　　表1-1

测试项目	项目内容	具体要求	备注
对企业(行业)的了解程度	汽车售后服务要知道哪些?		
	汽车维修企业的类型有哪些?		
	汽车售后服务内容有哪些?		
	汽车4S店售后服务部门职能有哪些?		

续上表

测试项目	项目内容	具体要求	备注
对汽车维修岗位的要求	汽车修理工岗位职责有哪些？请列出3~5条		
	汽车修理工任职条件有哪些？请列出3~5条		
汽车维修岗位需具备的核心知识与技能	核心知识1		
	核心知识2		
	核心知识3		
	核心技能1		
	核心技能2		
	核心技能3		
测试分析	优势		
	待提升之处		

(三) 工作内容

请根据小陈同学的工作要求，完成对汽车售后服务、常见的汽车维修企业类型、汽车售后服务的主要工作内容及部门职能、汽车4S店售后服务部门岗位等相关知识的前期情况掌握，最终帮助小陈梳理汽车售后服务企业的相关内容，完成汽车维修岗位入职前测试表。

1. 实施标准

(1) 能够对汽车售后服务有整体认识；

(2) 能够列出常见汽车维修企业类型；

(3) 能说出汽车售后服务的主要工作内容及部门职能；

(4) 能列举出汽车4S店售后服务部门岗位；

(5) 能按照要求，结合小陈前期学习的汽车维修相关理论知识和已掌握的专业技能，完整、详细地填写汽车维修岗位入职前测试表。

2. 注意事项

(1) 注意汽车维修专业知识和技能等内容的思考和相关资料的查阅;

(2) 在填写过程中注意排版美观,必要时可使用图表。

三、评价反馈

1. 自我评价

(1) 对本学习任务的学习,你自己满意吗?

_____

(2) 你能完整说出常见汽车维修企业类型吗?

_____

(3) 你能说出售后服务主要工作内容及部门职能吗?

_____

(4) 你能够描述或画出汽车4S店售后服务部门岗位图并简述主要岗位的岗位职责吗?

_____

2. 小组互评

(1) 小组在接到任务之后,组内讨论如何完成任务了吗?

_____

(2) 小组在完成任务过程中有明确的分工吗?

_____

(3) 小组在完成任务过程中,组员都积极参与、相互配合吗?

_____

(4) 小组在完成任务过程中注重沟通与协调吗?

_____

(5) 小组成员在规定时间内按要求完成任务了吗?

_____

3. 教师评价

(1) 小组综合表现:_____

(2) 优势:_____

(3) 待提升之处:_____

四、学习拓展

汽车服务经理岗位职责如下:

（1）监督、指导业务接待、索赔和维修车间的具体工作；

（2）主持重大质量事故的处理；

（3）负责合理安排维修人员的工作及车间看板的管理，控制车间7S的具体实施，并保证本部人员有良好的工作状态；

（4）以生产作业的维修委托单为依据，合理组织维修车间的日常生产活动，经常检查维修作业过程情况，及时、有效地调整和处理生产过程中的异常情况，保证全面完成生产任务；

（5）负责检查生产准备情况、班组人员到位情况、设备工具准备情况、配件供应或修复待装情况，督促和协助有关部门、班组按时做好各项生产准备工作；

（6）做好车间生产作业安排的记录、统计和分析，及时总结生产过程中的问题与经验，并负责完成该工作报告；

（7）加强与业务部、配件部等部门的沟通协调，营造维修站良好、和谐的工作氛围；

（8）完成上级领导授权和交办的其他工作任务。

子任务2　认识汽车维修接待岗位

学习目标

完成本学习任务，你应该：

1. 正确认识汽车维修接待岗位的重要性和作用；
2. 能够说出维修接待岗位主要工作内容和维修接待岗位必备素质；
3. 能理解、认同维修接待岗位的职业道德。

学习内容

1. 维修接待岗位的作用；
2. 维修接待岗位的工作内容、岗位职责和必备素质；
3. 维修接待岗位的职业道德。

建议学时：6学时

任务描述

李新是一名中职汽车专业毕业生，最近他在校园招聘中成功应聘了一家知名汽车品牌4S店的售后服务部门的汽车维修接待岗位的工作。这是他毕业后的第一份工作，作为应届毕业生，他缺少工作经验和对汽车维修接待岗位的认识，

学习任务一 认识汽车维修接待

因此,高兴之余,他还有一些担心和顾虑。请你结合李新同学的情况,帮助他认识汽车维修接待岗位,打消他的担心和顾虑,让他自信从容地走上新工作岗位。

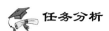
任务分析

帮助李新同学,就必须从以下两方面入手:让其掌握汽车维修接待人员的岗位职责和工作内容,明白该岗位对维修企业的重要性;同时,让其懂得胜任该岗位,应该对自身的能力和素质有所要求,并在工作过程中遵守该岗位的职业道德。李新同学只有具备过硬的专业技术和良好的业务能力,才能胜任新岗位,拥有更好的职业发展。

一、知识准备

(一)汽车维修接待岗位的作用

在汽车服务行业中,谁能提供令消费者满意的服务,谁就会赢得稳固的消费群体,占有市场份额。要在竞争中取得优势,就应该不断地提高服务质量。汽车售后服务部门中的汽车维修接待岗位是汽车维修企业对外服务的窗口,也是客户与车间工作沟通的桥梁。

(1)汽车维修接待人员(图1-9)是汽车维修企业的形象展示"窗口"。一个汽车维修企业的形象主要是由企业文化、企业效率、企业信誉及经营环境等组成。良好的企业形象会使公众对企业产生深刻的认同感和信任感,进而转化为巨大的经济效益。在客户的印象中,维修接待人员的言谈举止、待人接物、服务水平等直接反映企业的形象。

(2)汽车维修接待人员是沟通维修企业与客户之间的桥梁。汽车维修接待人员是客户进店遇到的第一个人,也是接触时间最长的一个人。汽车维修接待人员通过已有的专业知识,扮演的角色就是如何建议客户做好维修项目,保障车辆的长期安全稳定使用。同时需要掌握维修工作流程及维修进度,及时和客户沟通(图1-10)。

(3)汽车维修接待人员通过真诚周到的服务直接影响汽车4S企业的整体形象和客户的黏度,赢得客户的忠诚是企业各个部门的责任,也是企业盈利的关键。各部门之间应密切配合,比如销售部门售出一辆车时有责任把新客户介绍到维修部门,因为销售部门的客户很可能成为维修部门的忠实客户。而维修部门发现客户有购新车的动机时,也有责任把客户介绍给销售部门,如此保证企业整体的最大利益。

图1-9 维修接待人员

图1-10 汽车维修接待人员在接待客户

(二)汽车维修接待岗位的工作内容和职责

1.汽车维修接待岗位的工作内容

汽车维修接待岗位的工作是正确使用和及时更新客户档案、按照指定的程序运行与宣传维修预约系统、接待来厂的维修客户并进行必要的故障诊断与估价、利用维修服务系统软件制作估价单及派工单、车间派工(图1-11)并监控工作进程、维修后交车及维修后客户跟踪,具体的工作内容详情如下:

(1)服从企业总经理和执行经理的领导,严格执行企业的各项规章制度,并对自己所负责的工作承担相应责任;

图1-11 维修接待人员与维修人员沟通

(2)负责受理客户提出的预约维修请求或向客户提出预约维修建议,经客户同意后,办理预约手续;

(3)负责接待咨询业务的客户或前来企业送修车辆的客户,认真询问客户的来意与要求;

(4)负责配合技术人员对送修车辆进行技术诊断,确定维修内容以及大致维修期限;

(5)负责维修报价,决定客户的进厂维修时间和预约维修费用;

(6)负责与客户及车间维修人员办理维修车辆的交车手续;

(7)负责维修业务的日常进度监督;

(8)负责对维修增项意见的征询与处理;

(9)负责将竣工车辆从维修车间接出,检查车辆外观技术状况及有关随车物品,通知客户提车,准备客户接车资料;

(10)负责接待前来企业提车的客户,引导客户视检了解竣工车辆,向客户汇报维修情况,办理结算手续,恭送客户;

(11)负责客户的咨询解答、电话回访与投诉处理;

(12)负责企业的业务统计和业务档案管理。

2.汽车维修接待岗位的职责

(1)依据售后年度计划要求,在服务前台主管领导下保证各项工作的积极开展和推进,以保证年度及月度拟订业务目标的完成;

(2)按照服务流程对维修用户第一时间进行热情接待,保证车辆入厂秩序;

(3)按照服务流程,协助用户做好车辆的结算工作,热情服务,提高客户的满意度;

(4)按照服务流程,认真接待客户车辆,清楚仔细检查车辆外观、内饰并认真登记,同时提醒客户将车内的重要物品保管好;

(5)依据售后服务配件管理流程,认真做好配件领用记录,以保证配件数据的准确有效;

(6)依据公司售后服务活动计划,保证服务活动的全面开展,确保活动效果以实现品牌形象、客户满意度、整体业绩的全面提升;

(7)按照售后服务中心用户维修档案规定,对车辆填写;

(8)根据公司日常管理规定,保持服务前台工作环境清洁,以提高工作环境质量和保证工作安全。

(三)汽车维修接待岗位的必备素质

1.汽车维修接待岗位必须具备的条件

汽车4S企业中维修接待岗位至关重要,根据汽车工业的发展水平和许多汽车4S企业的现状调查,结合维修业务接待人员的工作内容,一名合格的汽车维修接待人员必须具备以下条件:

(1)具有汽车维修专业大专及以上文化程度,或者取得高级维修工技术证书,以及具有在维修岗位3年以上的工作经验;

(2)身体健康、品貌端正,普通话流利,具有较强的表达能力和应变能力;

(3)熟悉国家和汽车维修行业有关价格、法律、法规、政策;

(4)了解汽车维修、汽车材料、汽车零配件知识以及汽车保险知识等,并有一定相关工作经历;

(5)接受过专业业务接待技巧的培训;

(6)具备一定的财务知识,熟悉汽车维修价格结算流程;

(7)有机动车驾驶证,能熟练驾驶汽车,熟悉计算机一般操作;

(8)有高度的责任心和良好的职业道德;

(9)接受过专业培训,并经主管部门考核达到上岗要求。

2.汽车维修接待岗位人员必须具备的专业素质

为完成其职责所需要具备的素质称为专业素质。汽车维修接待人员需要掌握维修技术、服务技术、客户沟通等专业知识和技巧,在与客户交流过程中能够从技术和服务两个方面为客户进行解释和劝说,让客户接受。

(1)熟练的专业技能。作为一名合格的维修业务接待人员,除了必须具备专业技能,还需要根据工作需要,掌握相关业务知识和政策:

①熟悉和了解汽车维修专业知识,如汽车的类型与特征、汽车构造及基本原理、汽车材料及零配件知识、汽车维修工艺流程、常见故障,以及检测设备的主要用途、各种工艺特点及成本构成,并具有一定的维修技能经验;

②掌握一定的财务知识,知道汽车维修收费结算流程;

③要适应企业现代化管理的要求,能驾驶汽车,能熟练运用计算机相关软件进行本专业的辅助管理工作。

(2)优雅的形体语言及表达技巧。掌握优雅的形体语言及表达技巧,能体现业务接待人员的专业素质。

(3)思维敏捷,具备对客户心理的洞察力。维修接待人员要思维敏捷,并具备对客户心理的洞察力,能洞察客户的心理活动。对客户心理活动的洞察力是处理好客户投诉工作的关键。

(4)沟通协调能力。维修接待人员在工作岗位上,每天都要与客户及其他岗位的同事打交道。所以,沟通协调能力是维修接待人员的岗位要求之一。

(四)汽车维修接待岗位的职业道德

汽车维修接待岗位的职业道德是指汽车维修接待人员在进行汽车维修业务接待工作过程中必须遵守的道德规范和行为准则。汽车维修接待人员道德规范是在汽车维修职业道德的指导下,结合实际业务接待的工作特征逐步形成的。

汽车维修接待人员的职业道德可归纳为:真诚待客、服务周到、收费合理、保证质量、善待投诉五个方面内容。

(1)真诚待客。

真诚待客是指积极主动、热情、耐心地对待客户,做到认真聆听客户的诉求,耐心回答客户提出的问题,必要时要做好记录;换位思考,设身处地理解客户的期望与要求,最大限度地与客户达成共识。

客户到维修企业,无论是修车、修购零配件或是咨询有关事宜,一般有两个要求:①对物质的要求,希望得到满意的商品;②对精神的要求,希望自己的到来能受到重视,能得到热情友好的对待。因此,维修接待人员要对客户表现出欢迎、尊重、友好和关注,可以在无形中打动客户。客户精神上得到满足和对维修接待人员的好感,内心感到维修接待人员可亲可信,自然会延伸到客户对这家维修企业产生好感和信任。

(2)服务周到。

服务周到是指在修前、修中和修后向客户提供全方位又贴心的服务。

①修前服务。认真倾听客户对车辆故障的描述,迅速准确诊断汽车故障。对维修内容、估算费用和完工时间进行详细说明,并使客户认可。向客户提供有关汽车维护等一些小建议、小提醒和其他有关信息。

②修中服务。修理项目要合理,避免重复收费和无故增加不必要的修理项目和费用,如需要增加维修项目,要耐心、详细地向客户说明,同时要征得客户认可。让客户随时了解维修部门的维修进度,督促相关维修技术人员按时完工,如发现不能按时完工,应及早告知客户,说明缘由,取得客户的谅解。结算前向客户详细说明维修内容、维修费用的组成,并征得客户同意,交车时简要介绍修车过程中的一些特殊情况,车辆目前的状况及使用当中应该注意的事项等。

③修后服务。建立新客户和车辆档案,完善老客户车辆维修技术档案。回访客户时应热情、诚恳,对客户提出的问题认真如实回答,对疑问要耐心解释,必要时要勇于承担责任,不可推脱和敷衍,对客户的表扬和建议要表示感谢,做好电话跟踪服务。

(3)收费合理。

汽车维修企业在承接汽车维修业务时,要做到价格公道,严格按照相关行政管理部门制定的汽车维修工时定额和收费规范核定企业的维修价格,即收费合理。不乱报工时,不高估,不将小修当大修,更不可采取不正当的经营手段招揽业务。对行业的不正之风,维修接待人员都应该自觉抵制。收费合理,还体现在严格按照工单上登记的维护、修理项目内容进行收费,不能为了达到多收费的目的,擅自改变修理范围和内容,更不能偷工减料,以次充好。这种做法,既有悖于汽车维修职业道德的要求,也是一种自毁信誉、自砸招牌的短视行为。

(4)保证质量。

保证质量主要是指保证车辆维修的质量。具体是指在车辆维修过程中,各个工序要严格按照技术要求和操作规范进行,使用的原材料及零配件的规格、性能符合规范,按要求的程序严格进行检验与测试;车辆故障完全排除,原来丧失的功能得以恢复,车辆使用寿命得以延长等。汽车维修质量是修车客户最关注的问题,修车质量好,客户满意,其他存在的小争议、小问题都会变得微不足道。由此可见,保证维修质量就是确实保障了客户的利益,亦是保证维修服务企业能够在市场竞争中取得优势之举。

(5)善待投诉。

善待投诉就是发现商机,企业要想在激烈的商战中站稳脚跟,就必须认清市场态势,提高服务质量,捕捉稍纵即逝的需求信息,巧于开拓。表面上看,客户是给企业提意见,当然,也不排除有一些客户的要求相对苛刻,投诉中带有怨气、怒气的情况存在,但企业如果能站在对自己服务和声誉负责的角度去分析这些投诉,或许能从中得到一些启示,寻觅无限商机。

客户投诉受理不仅仅局限于客户服务中心一个部门。凡是与客户有直接接触的部门均有可能受理客户的投诉。对待客户投诉应持欢迎态度。客户的投诉提供了进一步改进的信息。事实上,不少成功企业都特别重视客户的投诉,去伪存真,仔细研究,加以利用。

二、任务实施

(一)任务目标

(1)正确认识汽车维修业务接待岗位的重要性和作用;
(2)能够说出维修接待岗位主要工作内容;

(3)能够说出维修接待岗位必备素质；

(4)能理解、认同维修接待岗位的职业道德。

(二)准备工作

(1)学生分组(4~5人一组)，明确组内分工及职责。

(2)为了帮助小组成员更好地完成实战演练任务，准备了汽车维修接待人员测试表(表1-2)，请采用该表格查漏补缺，帮助李新同学全面更好认识汽车维修接待岗位的岗位职责、工作内容和职业道德等方面要求。

汽车维修接待人员岗位测试表　　　表1-2

测试项目	项目内容	具体要求	备注
维修接待岗位认知	该岗位有什么作用？		
	该岗位的工作内容有哪些？		
	该岗位必备素质有哪些？		
	该岗位需要管理能力有哪些？		
	该岗位需要组织协调能力有哪些？		
	该岗位的职业道德有哪些？		
测试分析	优势		
	待提升之处		

(三)工作内容

请根据李新同学的实际情况，帮助他完成对汽车维修接待岗位的重要性和作用、工作内容、必备素质及职业道德等相关岗位基本要求的梳理，让李新同学在入职新单位前，对工作岗位有一个深入的了解，从而帮助他自信、从容地上岗。

1. 实施标准

(1)正确认识维修接待岗位；

(2)认同汽车维修接待岗位的重要性；

(3)能够说出汽车维修接待岗位的工作内容；

(4)能够达到汽车维修接待岗位的必备素质；

(5)能够遵守汽车维修接待岗位的职业道德；

(6)能够按照要求,结合李新同学的实际情况,完整、详细地填写汽车维修岗位入职前测试表。

2.注意事项

(1)注意汽车维修专业知识和技能等内容的思考和相关资料的查阅；

(2)在填写过程中注意排版美观,必要时可使用图表。

三、评价反馈

1.自我评价

(1)对本学习任务的学习,你自己满意吗？

_____

(2)你能说出汽车维修接待岗位的重要性吗？

_____

(3)你能说出汽车维修接待岗位的工作内容吗？

_____

(4)你能说出汽车维修接待岗位的必备素质吗？

_____

(5)你能遵守汽车维修接待岗位的职业道德吗？

_____

2.小组互评

(1)小组在接到任务之后组内讨论如何完成任务了吗？

_____

(2)小组在完成任务过程中有明确的分工吗？

_____

(3)小组在完成任务过程中组员都积极参与、相互配合吗？

_____

(4)小组在完成任务过程中注重沟通与协调吗？

_____

(5)小组成员在规定时间内按要求完成任务了吗？

_____

3. 教师评价

(1) 小组综合表现：_____

(2) 优势：_____

(3) 待提升之处：_____

四、学习拓展

服务经理的工作内容如下。

1. 客户管理细化，确定并重点服务忠诚客户

(1) 将客户回厂次数、客户黏度作为客户的忠诚度的评价指标，找出忠诚客户，作为重点维护对象。

(2) 通过对流失客户的回访及分析，找出客户流失的内在原因及改进措施。

(3) 优先通知忠诚客户公司举办的活动，让其受到特殊待遇，从而增加对专营店的依赖感和归属感。

2. 续保率和预约率

入厂台次的增加导致维修高峰期时客户等待时间增长和车间超负荷工作，需通过预约工作合理调配，减少客户等待时间。

3. 资源共享、良性竞争

在客户、保险、备件方面同其他店进行资源共享，促进良性竞争，减少客户的流失及资源浪费；形成备件、技术互动的信息平台，提高整体的战斗力。

4. 人员培训

(1) 加大培训工作的频次，分为定期和不定期的培训考核。

(2) 注重理论与实际工作相结合的培训，对汽车维修接待岗位注重产品基本知识和实操相结合，特别是实际接待能力的考核。维修技师注重操作技能和常规故障排除能力的培训，提高员工的工作能力。

5. 增加维修人员

随着保有量增加和回厂频次的增加，在加强管理提高工作效率考核人均产值的同时，适当增加维修人员数量。

6. 团队建设

营造学习氛围，提升员工服务理念及个人技能；进行职业道德、服务理念、主人翁意识培训；塑造员工服务的工作态度，促使员工主动提高自身素质。

子任务3 认识汽车维修法律法规

学习目标

完成本学习任务,你应该:

1. 能理解、认同维修接待岗位的职业道德;
2. 能够列举出汽车维修行业重要的法律法规。

学习内容

1. 汽车维修行业的法律法规;
2. 汽车维修接待人员主要学习的法律法规;
3. 汽车维修接待人员服务质量规范。

建议学时:6学时

 任务描述

小陈所在的汽车品牌4S店售后服务部经理开会时宣布一条消息:公司总部要在下月初分批组织全国4S店开展有关行业和各岗位的法律法规学习。小陈产生了疑惑:公司只要保证有足够的盈利、员工有扎实的专业能力就行了,为什么还要学习法律法规呢?法律法规不应该是司法机关人员的学习内容吗?另外,汽车维修行业有什么法律法规呢?

 **任务分析**

小陈同学将工作重心主要放在业务上,而忽略了法律法规的重要性。通过参加法律法规学习,可以帮助该品牌存在法律空白的从业人员建立法律意识,学习该行业相关法律法规知识。

一、知识准备

汽车产业作为国民经济重要的支柱产业,也是体现国家竞争力的标志性产业,在国家一系列政策的支持下,我国汽车产业快速发展。汽车相关法律法规对规范汽车行业秩序,优化汽车产业结构,化解汽车产业纠纷,促进其持续、健康的发展起到了举足轻重的作用。

(一)汽车维修行业的法律法规

汽车维修行业主要的法律法规有《中华人民共和国道路运输条例》(以下简称《道路运输条例》)《机动车维修管理规定》《道路运输从业人员管理规定》《机动车维修企业质量信誉考核办法》(以下简称《考核办法》)以及机动车维修管理相关法规概述。

1.《道路运输条例》的主要内容

《道路运输条例》经2004年4月14日国务院第48次常务会议通过,自2004年7月1日起施行。《道路运输条例》分为总则、道路运输经营、道路运输相关业务、国际道路运输、执法监督、法律责任和附则七章,共83条,主要坚持保障运输安全生产、建立全国统一的道路运输市场、维护消费者权益和约束监管行政行为的原则。

《道路运输条例》的主要内容包括从事机动车维修经营业务的许可程序、规范机动车维修行为、机动车维修须建立机动车维修检验制度和质量保证期制度、关于机动车维修的禁止性规定等。

2.《机动车维修管理规定》的主要内容

机动车维修管理基本思路是依法经营,诚实信用,公平竞争,优质服务;机动车维修管理工作应遵循公平、公正、公开、便民原则,它鼓励企业实行集约化、专业化、连锁经营,促进机动车维修业合理分工和协调发展,鼓励推广机动车维修环保、节能、不解体检测和故障诊断技术推进行业信息化建设和救援、维修服务网络化建设,提高机动车维修行业整体素质,满足社会发展需要。

该规定包含的主要内容有机动车维修经营许可分类、机动车维修经营者业务范围、从事机动车维修经营的条件、从事危险货物运输车辆维修的额外条件、机动车维修经营者行为准则、机动车维修质量检验规定等方面的内容。

3.《道路运输从业人员管理规定》的主要内容

该规定是由交通部制订,2007年3月1日起实施,其立法宗旨是加强道路从业人员管理,提高道路从业人员综合素质。明确从业人员管理基本原则为依法经营、诚实信用、规范操作、文明作业。明确从业人员管理工作应公平、公正、公开。该规定要求对从业人员实行从业资格考试制度,对道路运输从业行为实行诚信考核和计分考核制度,从业资格条件的要求、从业人员管理范围和条件要求如下:

1)从业资格条件要求

从事机动车维修的技术人员应分别对机动车维修相关政策法规和技术规范、业务知识、维修、检测、诊断和检验技术,服务收费标准等经设区的市级道路

运输管理机构考试合格。

2）从业人员管理范围

机动车维修从业技术人员包括机动车维修技术负责人员、质量检验人员以及从事机修、电器、钣金、涂漆、车辆技术评估（含检测）作业的技术人员。而机动车维修其他从业人员则是指除上述人员以外的机动车维修企业价格核算员及业务接待员。

3）从业人员条件要求

技术负责人员需要相关专业大专以上，或中级职称以上要求；质量检验人员需要高中以上学历；从事机修、电器、钣金、涂漆、车辆技术评估（含检测）作业的技术人员需初中以上学历要求。

4.《考核办法》的主要内容

《考核办法》中考核的主要内容是从业人员素质、安全生产、维修质量、服务质量、环境保护、遵章守纪和企业管理等；遵循公平、公正、公开、便民考核原则；考核的信誉等级有优良、合格、基本合格、不合格，对应 AAA 级、AA 级、A 级、B 级四个级别。

该《考核办法》实施有利于全面贯彻《全面道德建设实施纲要》，在全行业建立诚信服务机制；有利于激励企业改进管理，增强服务意识和水平；有利于用户的理性选择和有效监督，维护其正当权益；有利于引导市场发育，加速企业机构调整；有利于完善市场服务功能，合理配置资源；有利于规范企业经营行为，保护守法经营；有利于提升行业整体素质，提高服务质量；有利于完善从市场准入、动态监控，到退出市场的全过程管理体制，实现行业跨越式发展。

（二）其他法律法规

作为汽车维修接待人员，在学习上述的法律法规后，还应学习其他相关法律法规。

1.《中华人民共和国产品质量法》

《中华人民共和国产品质量法》是保护消费者切身利益、管理产品质量的一部重要的法律。其中所包含的法律规范十分丰富，从大的方面说，这个法律文件中既有行政法规范，也有民事法律规范，还有刑事法律规范的内容。《产品质量法》的颁布实施，标志着中国产品质量工作走上了法制管理的道路，对于建立产品质量公平竞争机制，促进社会主义市场经济的发展，具有十分重要的意义，为制裁产品质量的违法行为，提供了强大的法律武器。

2.《合同法》

《合同法》是为了保护合同当事人的合法权益,维护社会经济秩序,促进社会主义现代化建设而制定。共计二十三章四百二十八条。在我国,《合同法》是调整平等主体之间的交易关系的法律,它主要规定合同的订立、合同的效力及合同的履行、变更、解除、保全、违约责任等问题。

3.《消费者权益保护法》

《消费者权益保护法》是为保护消费者的合法权益,维护社会经济秩序,促进社会主义市场经济健康发展制定的一部法律。该法调整的对象是为生活消费需要购买、使用商品或者接受服务的消费者和为消费者提供其生产、销售的商品或者提供服务的经营者之间的权利义务。

4.《侵害消费者权益行为处罚办法》

《侵害消费者权益行为处罚办法》是为依法制止侵害消费者权益行为,保护消费者的合法权益而制定的。

5.《家用汽车产品修理、更换、退货责任规定》

《家用汽车产品修理、更换、退货责任规定》为了保护家用汽车产品消费者的合法权益,明确家用汽车产品修理、更换、退货(以下简称三包)责任而制定。

6.《安全生产法》

《安全生产法》是为了加强安全生产工作,防止和减少生产安全事故,保障人民群众生命和财产安全,促进经济社会持续健康发展而制定。

7.《劳动法》

《劳动法》是为了保护劳动者的合法权益,调整劳动关系,建立和维护适应社会主义市场经济的劳动制度,促进经济发展和社会进步,根据宪法而制定。

(三)汽车维修接待人员服务质量规范

汽车维修接待人员服务规范规定了汽车维修企业业务接待、车辆维修、价格结算、质量管理、安全生产、环境保护等要求。其适用于汽车维修企业的维修服务质量管理活动,能用于汽车维修企业和行业管理部门评定汽车维修企业满足客户、法律法规和企业自身要求的能力。汽车维修接待人员服务质量规范内容如下。

(1)接待服务。

①接待人员应统一着装,佩证上岗,仪容端正。

②接待人员应遵守礼仪规范,接待客户时做到态度热情,语言文明。

③接待人员负责接车交验,协助故障诊断,制订诊修方案,告知估价、结算方

法及维修工期,与客户签订维修合同。接待人员应熟悉各类汽车维修检测作业内容,能及时为客户提供咨询服务。

④接待室服务设施配套齐全,具备良好的客户休息环境,包括茶水、报纸杂志提供,配备冷暖空调、播放系统。

⑤接待室应及时清理和打扫,不乱堆乱放物品,保持整洁干净。

(2) 接车诊断。

①企业应制订接车规范文件,规定人员职责、告知事项以及接车诊断流程。

②企业应配备必要的检测诊断仪器设备,设置检测工位(或检测区域)。

③接车诊断时应详细记录客户陈述,填写诊断记录,并交客户签字确认。

④接待人员应向客户详细说明车辆技术状况、故障诊断意见、建议维修项目、作业内容、配件价格、维修时间和维修费用。

⑤接待人员应提醒客户对车内物品进行清理,对外观、内饰、仪表和座椅等车辆状况以及客户要求事项进行确认、记录,并交客户签字

(3) 合同签订。

①企业应根据检测诊断结果所确定的维修项目,与客户签订维修合同(或协议),维修合同(或协议)的各项要件应填写完整。

②维修过程中有超出合同范围的,应充分与客户沟通,签订补充合同(或协议)。

(4) 维修派工。

①企业应根据检测诊断结果确定的维修项目填写维修单,做好车辆交接工作。

②维修单应详细注明维修项目、作业部位、完成时间和注意事项。

③维修过程中发现需要追加的项目,企业应与客户沟通,得到客户确认,并在维修单补项方可进行维修作业。

(5) 维修作业及过程检验。

①待修车辆视情况清洁冲洗,放置座椅套、转向盘套、脚垫后进入维修区。

②车辆维修各过程的状态应标识清楚,维修单随工序流转。

③业务接待员应及时跟踪车辆维修情况,向客户反馈维修进度,如果工期延长,应向客户做好解释和说明。

④企业应制定或收集车辆维修的规范和标准,严格按规范和标准的要求实施车辆维修和过程检验,按规定填写并保持检验记录。

(6) 竣工检验。

①企业应制订或收集车辆竣工检验的规范和标准,严格按规范和标准的要

求实施竣工检验。

②专职质量(总)检验员对承修车辆进行竣工检验,填写竣工检验记录,签发《机动车维修竣工出厂合格证》;未签发机动车维修竣工出厂合格证的车辆,不得交付使用。

③无资质实施竣工检验的企业应委托机动车维修质量检验机构进行竣工检验,签订委托检验合同。

(7)修复交车。

①企业应指定专人按照规范和规定线路试车,并做好记录。

②企业应做好交车准备(包括清理车辆内部,查看外观,清点随车物品),价格结算员汇总全部单据。

③通知客户验收接车,验收前企业应做好车辆清洁。

④企业应配合客户对修竣车辆验收,填写汽车修竣出厂验交表,客户签字确认。

⑤企业应告知车辆故障原因、今后行车注意事项和质量保证期的相关内容。质量保证期承诺不得低于国家规定。

(8)车辆返修。

①质量保证期内,因维修质量原因造成车辆故障、损坏、无法正常使用或者造成人身、财产损失的,企业应无偿返修,不得拒绝或者故意拖延,并依法承担赔偿责任。

②质量保证期内,车辆因同一故障或者维修项目经两次修理仍不能正常使用的,企业应该负责联系其他车辆维修企业修理,并承担相应费用。

③企业应制订车辆返修制度,保持返修记录。

(9)价格结算。

①企业应按公示的维修工时定额、收费标准及结算方法结算维修费用,所有结算项目及费用须经客户确认。

②企业应向客户出具规定的结算票据,并提供维修工时、材料等费用清单。

二、任务实施

(一) 任务目标

(1)能够说出汽车维修行业重要的法律法规;

(2)能够说出汽车维修接待岗位重要的法律法规,并能将法律法规主要内容和要求进行对应。

(二)准备工作

(1)学生分组(4~5人一组),明确组内分工及职责;
(2)准备相关法律法规的文件和学习资料等。

(三)工作内容

请根据小陈同学的实际情况,将汽车维修行业的相关法律法规进行梳理,并对照法律法规的主要内容、要求和平时工作的规范性进行评价。

1. 实施标准

(1)能否说出汽车维修行业重要的法律法规;
(2)能否说出汽车维修接待岗位重要的法律法规,并能将法律法规主要内容和要求进行对应。

2. 注意事项

(1)请注意法律法规的严肃性;
(2)根据实际情况对自己和所在公司情况进行打分。

三、评价反馈

1. 自我评价

(1)对本学习任务的学习,你自己满意吗?

(2)你能完整说出汽车维修行业重要的法律法规吗?

(3)你能说出汽车维修接待岗位重要的法律法规,并能将法律法规主要内容和要求进行对应吗?

2. 小组互评

(1)小组在接到任务之后组内讨论如何完成任务了吗?

(2)小组在完成任务过程中有明确的分工吗?

(3)小组在完成任务过程中组员都积极参与、相互配合吗?

(4)小组在完成任务过程中注重沟通与协调吗?
_____

(5)小组成员在规定时间内按要求完成任务了吗?
_____

3.教师评价
(1)小组综合表现:_____
(2)优势:_____
(3)待提升之处:_____

四、学习拓展

法律法规的作用如下。

(1)明示作用。以法律条文的形式明确告知人们,合法的行为和违法的行为,以及违法将要受到的制裁。

(2)预防作用。通过法律法规的明示作用、执法的效力以及对违法行为进行惩治力度的大小,使人们在日常的具体活动中,根据法律的规定来自觉地调节和控制自己的思想和行为,从而来达到有效避免违法和犯罪现象发生的目的。

(3)校正作用。即规范作用,这一作用主要是通过法律的强制执行力来机械地校正社会行为出现的一些偏离了轨道的不法行为,使之回归到正常的法律轨道。法律对一些触犯了法律的违法犯罪分子所进行的强制性的法律改造,使之违法行为得到了强制性的校正。

(4)具有扭转社会风气、净化人们的心灵、净化社会环境的社会性效益。理顺、改善和稳定人们之间的社会关系,提高整个社会运行的效率和文明程度。作为一个真正的法治社会则是一个高度秩序、高度稳定、高度效率、高度文明的社会。这也是法制的最终目的和最根本性的作用。

子任务4 认识汽车维修接待基本礼仪

学习目标

完成本学习任务,你应该:

1.通过小组讨论学习,能写出头发、面容、着装、饰物四种仪容的知识要点,并能对照仪容礼仪标准进行自我展示;

2.通过分组学习,列出站姿、走姿、坐姿、蹲姿四大仪表礼仪要点,并能进行演练展示;

3.能按照微笑、手势、鞠躬、问候寒暄、称呼、握手、名片七大服务礼仪标准正确演练,并能熟练运用。

学习内容

1.礼仪的定义;

2.仪容仪表;

3.服务礼仪;

建议学时:6学时

李新是上汽大众4S店的一名汽车维修接待人员,下午一名新车客户要到店进行首保,为了给新客户留下良好的首保体验,除了精心的安排,李新更想在服务接待上给新客户留下良好印象,从而将其发展成忠实客户。

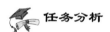

李新想从服务接待上给新车客户留下良好印象,首先要展示出良好的职业形象,如仪容仪表礼仪规范舒适,服务礼仪运用恰当。请你从仪容仪表和服务礼仪的具体要求出发,给李新本次的接待进行打分。

一、知识准备

(一)礼仪的定义

礼仪是人们在社交中表示尊重、敬意、友好而遵循的行为规则和准则。

礼仪是人类为维系社会正常生活而要求人们共同遵守的最起码的道德规范,它是在人们在长期共同生活和相互交往中逐渐形成,并且以风俗、习惯和传统等方式固定下来。对一个人来说,礼仪是一个人的思想道德水平、文化修养、交际能力的外在表现,对一个社会来说,礼仪是一个国家社会文明程度、道德风尚和生活习惯的反映。

总之,礼仪是一种社会成员与人交往时共同遵守的行为规范,是被周围人们所接受,并得到尊重与好感的"通行证"。

小贴士

古人云:礼兴人和、谦恭礼让、谅解宽容、与人为善。

"礼"的含义是"尊重",礼者敬人,既要尊重别人,更要尊重自己。"仪"的含义是表达尊重的形式。

礼仪是人们约定俗成的,对人,对己,对鬼神,对大自然,表示尊重、敬畏和祈求等思想意识的,各种惯用形式和行为规范。这里的惯用形式包括礼节和仪式,礼节一般是个人性的,并且不需要借助其他物品就可以完成的形式,譬如磕头、鞠躬、拱手、问候等;而仪式大多是集体性的,并且一般需要借助其他物品来完成,譬如奠基仪式,下水仪式,迎宾仪式,结婚仪式,祭孔大典等。人类最早的礼仪是祭祀礼仪,主要是表达对天地鬼神的敬畏和祈求。

(二)仪容仪表的要求

1. 仪容礼仪

日常生活中,发型、着装和面部修饰等仪容在表现个性上的确起到非常重要的作用,可是在工作场合就有必要对"周围和对方"给予关注,因此工作人员要尽量塑造专业形象(图1-12)。

(1)头发。

洁净、整齐、无头屑、不染发、不做奇异发型。男士头发(图1-13)讲究长短合适"侧不掩耳、后不及领、面不留须",整体给人一种"整齐、干净、有型"的印象。女士头发(图1-14)总体上讲是"干净、梳理有型",给人"文雅、庄重、干练"的印象。长发须束起,以"头发不挡脸、刘海不遮眼"为原则;不染发、不怪异、无头屑、无气味;随时检查并拈走附着在衣服上的头发。

图1-12 汽车4S店服务顾问形象

(2)面容。

面容要给人干净整洁的印象。男士面容(图1-13)要整洁,剃干净胡须,眼睛无分泌物,牙齿清洁、口腔无异味;女士面容(图1-14)整洁,淡妆上岗,牙齿清洁、口腔无异味,清除汗毛,不可使用香味浓烈的香水,力求清新淡雅。

(3)着装。

着装一般要统一制服,大方,得体,穿着与自己的身体、形象相符。

图 1-13　男士头发/面容　　　图 1-14　女士头发/面容

男士着装应按岗位规定着装,保持服装干净、熨烫,裤线保持笔挺;衣袋不乱放杂物,西装或衬衣口袋不插笔和名片;保持皮鞋光亮。注意鞋子上不要有污物,鞋后跟不要有磨损;领带、衬衣、西装、袜子、鞋子颜色协调。注意领带不要松,还要注意领带打结处不要脏;衬衣的每一个纽扣要扣好;衬衣的领口及衣襟保持干净。

女士着装应注意衬衣须系于裙或裤内,表面不能有明显内衣痕迹;经常穿马甲,避免穿T恤衫,衬衣避免鲜艳的颜色;穿裙装时,一律搭配肤色丝袜,无破洞;保持皮鞋光亮、清洁,为保证安全,鞋跟在5cm以下;丝巾结要齐于领口,丝巾下部不可低于衣襟,丝巾要保持干净平整,无污渍,蝴蝶结扣平整饱满;胸卡正面朝前佩戴于胸前,名片佩戴左胸西装口袋处;除结婚戒指外,上班时严禁佩戴其他饰品;女士要注意在工作场合尽量避免太大的耳环、扎眼的戒指、项链、手镯。

2. 仪表礼仪

仪表是指人在行为中的姿势和风度,姿势是指身体呈现的样子,风度是气质方面的暴露。个人仪表是塑造职业形象的第一步,它是一种不说话的"语言",能在很大程度上反映一个人的素质、修养及其被别人信任的程度。只有平时注重多方面知识的储备和能力的积蓄,才能做到气质独特、卓尔不群,也才会有专业的行为举止。汽车服务人员必须注重仪表,尤其注意自己的站姿、走姿、坐姿、蹲姿等。

(1) 站姿。

正确的站姿是面带微笑,两肩放松,自然呼吸。抬头、目视前方、挺胸直腰、双臂自然垂下、收腹,将双手交叉,右手搭在左手上。

男士站姿(图1-15)具体的要求有身体挺拔起立,两脚开立,与肩同宽,重心垂直在两脚之间;右手自然握拳,左手握住右手手腕,放于小腹前。

女士站姿(图1-16)具体要求有双脚要靠拢,膝盖打直,重心在脚弓前端;双脚呈V字形或丁字形站立,右手握住左手手指自然放于小腹前。

图1-15 男士站姿

图1-16 女士站姿

(2)走姿。

走姿(男士走姿如图1-17所示、女士走姿如图1-18所示)反映的是人的动态美,是最引人注目的身体语言。走姿的要求有起步时,上身略向前倾,身体重心落在脚掌前部,两腿跟走在一条直线上;行走时,双肩平稳,目光平视,下颌微收,面带微笑;手臂伸直放松,手指自然弯曲,手臂自然摆动,速度适中。

图1-17 男士走姿

图1-18 女士走姿

> 小贴士

行走最忌内八字、外八字;不可弯腰驼背、摇头晃肩、扭腰摆臂;不可膝盖弯曲,或重心不协调,使得头先至而腰、臀跟上来;不可走路时吸烟、双手插入裤兜;不可左顾右盼、无精打采、身体松垮;不可摆手过快,幅度过大或过小。

(3) 坐姿。

入座时要轻,至少要坐满椅子的三分之二,后背轻靠椅背,双膝自然并拢(男性可略分开)。身体稍向前倾,则表示尊重和谦虚。离座时,要自然稳当,右脚向后收半步,而后站起。

男士坐姿(图1-19、图1-20)具体要求有头部端正,双目平视,上体挺直,可将双腿分开略向前伸;如长时间端坐,可双腿交叉重叠,置于一侧,双手叠放,置于左腿或右腿上。

图1-19 男士坐姿正面

图1-20 男士坐姿侧面

女士坐姿(图1-21、图1-22)的具体要求有入座前应先将裙角向前收拢,双膝并紧,双脚同时向左或向右放,两边叠放于腿上;如长时间端坐可将两腿交叉重叠,但要注意上面的腿向回收,脚尖向下。

> 小贴士

①就座与人交谈时,不可双腿不停地抖动,甚至鞋跟离开脚跟晃动。
②两腿不可过于交叉,也不可过长地伸开。
③坐下后不应随意挪动椅子。

④不可将大腿并拢,小腿分开,或双手放于臀下。

图1-21 女士坐姿正面

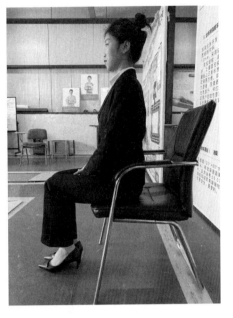

图1-22 女士坐姿侧面

(4)蹲姿。

在拾取低处物件时,应保持大方、端庄的蹲姿。一脚在前,一脚在后,两腿向下蹲,前脚全着地,小腿基本垂直于地面,后脚跟提起,脚掌着地,臀部向下。

男士蹲姿(图1-23)的具体要求有双膝适度分开,一高一低;上身挺直,下蹲时侧对客户;不要突然下蹲,不要距人过近。

女士蹲姿(图1-24)的具体要求有双腿并拢收紧,一高一低;下蹲时侧对着客户,保持与客户适中的距离;臀部向下,以单腿支撑身体。

3.常见的服务礼仪

(1)微笑礼仪。

微笑是一种国际礼仪(图1-25),能充分体现一个人的热情、修养和魅力。是最能赋予人好感,增加友善和沟通,愉悦心情的表现方式。微笑是乐观积极向上,真诚友好,发自内心的,而非职业化的;树立"3米微笑"理念。当与客户在3米以内时,我们应主动对客户微笑;不仅对客户,面对上级、宾客、同事,我们同样要养成微笑的习惯,营造良好的交际氛围。

(2)手势礼仪。

商务活动中恰当地使用手势,有助于表达,并且能够给人以肯定、明确的印象,增强感染力,手势礼仪(图1-26、图1-27)是一种常用礼仪,具体的手势礼仪使用规范见表1-3。

图1-23 男士蹲姿

图1-24 女士蹲姿

图1-25 面向客户的微笑

手势礼仪使用规范 表1-3

序号	场　景	使用规范
1	向远距离的人打招呼时	伸出右手,右胳膊伸直高举,掌心朝着对方,轻轻摆动;不可向上级和长辈招手
2	当需要用手指引客户和客人时	食指向下靠拢,拇指向内侧轻轻弯曲,指向方向

续上表

序号	场 景	使 用 规 范
3	指引客户方向或看什么东西的时候	手臂应自然伸出、手心向上、四指并拢;出手的位置应该根据与客户所处的位置而定,即使用与距离客户远的那条手臂
4	引导客户进入售后维修服务大厅时	走在客户斜前方,与客户保持一致的步调,先将店门打开,请客户进入店内
5	引导客户进入车辆时	走在客户的斜前方,与客户保持一致的步调,并为客户拉开展车的车门,请客户进入

图 1-26　手势礼仪——招手

图 1-27　手势礼仪——指引

(3)鞠躬礼仪。

鞠躬(图 1-28)是表达敬意、尊重、感谢的常用礼节。鞠躬时应从心底发出对对方表示感谢、尊重的意愿,从而体现于行动,给对方留下诚意、真实的印象。鞠躬礼可广泛用于接待服务过程中与客户接触的各个环节。行礼时,以标准站姿站立,以标准站姿(或按标准走姿行走时适当减缓一下速度)面带微笑,头部下垂,带动上身前倾,呈 15°角,时间持续 1~3s 即可,眼神关注对方。

①鞠躬时必须伸直腰、脚跟靠拢、双脚尖处微微分开,目视对方。然后将伸直的腰背,由腰开始的上身向前弯曲。

②鞠躬时,弯腰速度适中,之后抬头直腰。

③与客户交错而过时,面带微笑,行15°鞠躬礼,头和身体自然前倾,低头要比抬头慢。

④接送客户时,行30°鞠躬礼。

⑤初见或感谢客户时,行45°鞠躬礼。

图1-28　鞠躬礼仪

(4)问候寒暄礼仪。

在正式交谈开始之前,应有几句话的寒暄或问候语,它本身并不正面表达特定的意义,但它在沟通中是必不可少的。因为寒暄能使不相识的人相互认识,使不熟悉的人相互熟悉,使沉闷的气氛变得活跃。尤其是初次见面,几句得体的寒暄会使气氛变得融洽,有利于顺利地进入正式交谈,常用的问候寒暄用语见表1-4。

常用的问候寒暄用语表　　　　表1-4

分　类	内　　容
常规礼貌用语	您好;谢谢您;没关系;请指教;对不起;再见
欢迎礼貌用语	请;欢迎光临;欢迎惠顾;很高兴见到您
问候礼貌用语	您好;早上好;多日不见,您好么
祝贺礼貌用语	祝您节日快乐;祝您生意兴隆;恭喜发财
告别礼貌用语	晚安;明天见;祝您一路平安;欢迎下次光临

续上表

分 类	内 容
征询礼貌用语	需要我帮您做些什么吗？；您还有别的疑问吗？；如果您不介意，我可以……；麻烦您，请您……；您需要……吗？
应答礼貌用语	不客气；这是我应该做的；请多多指教；我马上就办；非常感谢
道歉礼貌用语	打扰您了；请原谅；实在对不起；让您久等了；请不要介意；是我们的错，对不起；做得不足的地方，请您原谅；不好意思，打扰一下
推托礼貌用语	很遗憾；承您的好意，但是……；对不起，这事不好办

(5) 称呼礼仪。

在商务活动中，恰当地使用称谓，是社交活动中的一种基本礼貌。称谓要表现尊敬、亲切和文雅，使双方心灵沟通，感情融洽，缩短彼此距离。正确地掌握和运用称谓，是人际交往中不可缺少的礼仪因素，常用称呼用语见表1-5。

称 呼 用 语　　　　　　表 1-5

序号	种　类	举　例
1	常用称谓	大哥
2	职务称呼	以交往对象的职务相称，以示身份有别、敬意有加，如："李经理"这是一种常见的称呼
3	职称称呼	对于具有职称者，尤其是具有高级、中级职称者，如："王教授"
4	行业称呼	老师、医生、会计、律师等
5	性别称呼	"小姐""女士"或"先生""小姐"是称未婚女性，"女士"是称已婚女性

(6) 握手礼仪。

握手（图1-29）是日常工作中最常用的礼仪，与人握手时，主人、年长者、身份地位高者、女性先伸手，客户、年轻者、身份职位低者和男性见面时先问候，待对方伸手后，上身前倾，两足立正，伸出右手，四指并拢，拇指张开，距离对方一步，双目注视对方,面带微笑,握手用力不宜过大。时间不宜过长,一般3s左右即可,不同握手方式见表1-6。

图1-29 握手礼仪

不同握手方式和要求　　　　　　　　　　　　　　　表1-6

序号	种类	要求
1	男士掌位	整个手掌
2	女士掌位	食指位
3	男女掌位	握手应握女士手指部分或手掌1/3处
4	顺序	上级在先、主人在先、长者在先、女性在先
5	时间	一般在2、3s或4、5s之间为宜
6	力度	握手力度不宜过猛或毫无力度
7	表情	要注视对方并面带微笑

(7)名片礼仪。

名片(图1-30)是工作过程中重要的社交工具之一。我们使用的名片通常包含两个方面的意义,一是标明你的姓名、联系方式;另一个是标明你的所在的单位、职务及承担的责任,名片礼仪的具体要求如下。

①名片的准备。

a. 名片不要和钱包、笔记本等放在一起,最好使用名片夹;

b. 名片一般放于公事包里,也可放在上衣口袋里(但不可放在裤兜里);

c. 要保持名片或名片夹的清洁、平整。

②递名片。

a. 用双手的大拇指和食指握住名片,正面且名字要面向接名片的人,同时还

要轻微鞠躬;

b. 递名片的次序是由下级或访问方先递;

c. 递名片时,应说些"请多关照""请多指教"之类的寒暄语;

d. 互换名片时,应用右手拿着自己的名片,用左手接对方的名片后,用双手托住;

e. 互换名片时,要看一遍对方职务、姓名等。

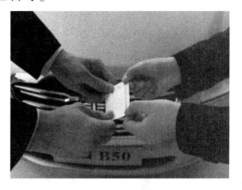

图1-30　名片礼仪

③接名片。

a. 接到他人的名片,应该恭敬,双手捧接,并表示感谢;

b. 接到别人当面递上的名片后,一定要看一遍,不明白的地方可以请教;

c. 不可将对方名片漫不经心地丢在一边。

二、任务实施

(一)任务目标

(1)通过小组讨论学习,能说出并写出头发、面容、着装、饰物四种仪容的知识要点,对照仪容礼仪标准进行自我展示。

(2)通过分小组学习,列出站姿、走姿、坐姿、蹲姿四大仪表礼仪要点,进行演练展示。

(3)能按照微笑、手势、鞠躬、问候寒暄、称呼、握手、名片七大服务礼仪标准正确演练,并能熟练运用。

(二)准备工作

(1)学生分组(4~5人一组),明确组内分工及职责。

(2)为了帮助你更好地完成实战演练任务,准备了以下工具设备、耗材以及表单资料(表1-7),请根据任务需要进行选择。

准备清单列表　　　　　　　　　　　表1-7

名　　称	图　　示	作　　用
穿衣镜、工作椅		多种工具的使用及正确着装,帮助学生更好训练
工作牌		
丝巾、领带		
名片		
仪容礼仪考核表		明确任务要求、考核时间以及考核分值,便于客观地对任务完成情况进行评价考核

学习任务一　认识汽车维修接待

续上表

名　　称	图　　示	作　　用
仪表礼仪考核表		明确任务要求、考核时间以及考核分值,便于客观地对任务完成情况进行评价考核
服务接待礼仪考核表		

（三）工作内容

李新想从服务接待上给新车客户留下良好印象,首先要展示出良好的职业形象,如仪容仪表礼仪规范舒适,服务礼仪运用恰当。请你从仪容仪表和服务礼仪的具体要求出发,给李新本次接待进行打分,具体打分见表1-8～表1-10。

1. 实施标准

（1）通过小组讨论学习,能写出头发、面容、着装、饰物四种仪容的知识要点,并能脱口说出,对照仪容礼仪标准进行自我展示;

（2）通过分组学习,列出站姿、走姿、坐姿、蹲姿四大仪表礼仪要点,进行演练展示;

（3）能按照微笑、手势、鞠躬、问候寒暄、称呼、握手、名片七大服务礼仪标准正确演练,并能熟练运用。

2. 注意事项

（1）为保证练习效果,学生着正装,在汽车实训中心练习;

（2）练习时,学生应精神饱满,表情自然,面带微笑。

仪容礼仪考核表　　　　　　　　　　　　　　　表1-8

项目	检查标准	没有完成	有待提高	良好
头发	头发整洁；无头屑、烫染；女生不留披肩发，无头饰，男生不留长发			
眼睛	无眼屎、不充血、眼镜端正、不佩戴有色眼镜			
耳朵	不佩戴耳环			
鼻子	鼻孔干净、不流鼻涕			
胡须	干净、整洁，不留长胡须、八字胡或其他怪状胡须			
嘴	牙齿干净、洁白，口中无异味			
脸	面容洁净，女生淡妆			
脖子	脖子不佩戴项链或其他饰物			
手	双手洁净，指甲整齐，不涂指甲油，不戴除婚戒以外的戒指			
衬衣	衬衣保持洁净，扣上风纪扣，不挽袖子			
领带	领带端正整洁，不歪不皱			
西装	西装整洁笔挺，背部无头发、头屑，上口袋不插笔，所有口袋不能因放置物品而鼓起来			
皮带	皮带高于肚脐，松紧适度，不可选用怪异的皮带头			
鞋袜	鞋袜搭配得当，鞋面洁净光亮，肤色短袜或长筒袜，袜子不能脱落或脱丝			

仪容礼仪考核表　　　　　　　　　　　　　　　　　表1-9

项目	检 查 标 准	没有完成	有待提高	良好
站姿	女士：双手虎口相交，自然叠放于身前，右手在上，左手在下；双脚跟并拢，脚尖分开夹角为15°（或将左脚放在右脚1/2处，两脚之间的夹角为不超过45°）；挺胸、收腹、腰直、肩平，目光注视前方，嘴微张，面带微笑。 男士：双手自然地交叉放在身体前面，左手在上，右手在下，两脚略分开些，与肩同宽，挺胸、收腹、腰直、肩平，目光注视前方，嘴微张，面带微笑			
走姿	上身向前倾，身体重心落在脚掌前部，两脚跟走在一条直线上，脚尖偏离重心10°；行走时，双肩平稳，目光平视，下颌微收，面带微笑。手臂伸直放松，手指自然弯曲，手臂自然摆动，前摆向里35°，后摆向后约15°，要保持平稳从腰部以下行动，双手半握拳和谐摆动。同时步行速度要适中，不要过快或过慢，女性的步幅为30cm左右，男士的步幅为40cm			
坐姿	身体重心垂直向下，腰部挺起，上体保持正直，头部保持平稳，两眼平视，下颌微收。男士：上身挺直，两腿分开，不超肩宽，两腿平行，两手自然放在腿上；女士：双腿并拢，两脚同时向左或向右放，两手相叠后放在左腿或右腿上，也可以双腿并拢，两脚交叉，置于一侧			
蹲姿	下蹲时，左脚在前，右脚在后向下蹲去，双腿合力支撑身体，避免滑到或摔倒，使头、胸、膝关节不在一个角度，从而使蹲姿显得优美。男性双腿微开，女性双腿并拢			

服务接待礼仪考核表　　　　　　　　　表1-10

项目	检查标准	没有完成	有待提高	良好
见面礼仪	在展厅门口,主动上前迎接、鞠躬15°(伸直腰、脚跟靠拢、双脚尖处微微分开,目视对方。然后将伸直的腰背,由腰开始的上身向前弯曲),立即微笑着说:"您好,欢迎光临'××4S店'"			
名片礼仪	按名片正面,且名字正对客户的方向,用双手的大拇指和食指握住名片,同时还要轻微鞠躬将名片递给客户,说:"这是我的名片,我是今天为您服务的××,很高兴能为您服务,请问您怎么称呼?"如客户有名片,双手恭敬地接过客户的名片,认真仔细地阅读名片,将名片放置如包中或名片夹内			
握手礼仪	握手时,相距1m,上身微微前倾,手臂自然弯曲,表情自然、面带微笑,眼睛注视对方,稍事寒暄。握手力度不宜过猛或毫无力度,握手时间不宜过长,一般为1~3s,轻轻摇动3下			
交谈礼仪	称呼客户(根据名片或客户自己的介绍),并进行简单的寒暄让客户感觉到亲切感(如:您今天是从哪里过来的,怎么过来的,喜欢喝点什么等)寒暄过程中运用礼貌用语			
手势礼仪	引领客人应站在左边,左手自然弯曲五指并拢指向前方道路,右手自然背在身后,站在离客人半米的距离,同时身体向内侧倾斜,嘴上说着:"这边请"不得与客人同肩;指物时五指自然并拢,手掌摊开,掌心斜向上,以肘关节为轴指向客户欲往之处。根据上、中、下目标,使用上面标准手势指向目标;向远距离的人打招呼时,伸出右手,右胳膊伸直高举,掌心朝着对方,轻轻摆动			

三、评价反馈

1. 自我评价

(1) 对本学习任务的学习,你自己满意吗?

_____

(2) 你能写出头发、面容、着装、饰物四种仪容的知识要点吗?

_____

(3) 你能列出站姿、走姿、坐姿、蹲姿四大仪表礼仪要点吗?

_____

(4) 你能按照微笑、手势、鞠躬、问候寒暄、称呼、握手、名片七大服务礼仪标准正确演练吗?

_____

2. 小组互评

(1) 小组在接到任务之后组内讨论如何完成任务了吗?

_____

(2) 小组在完成任务过程中有明确的分工吗?

_____

(3) 小组在完成任务过程中组员都积极参与、相互配合吗?

_____

(4) 小组在完成任务过程中注重沟通与协调吗?

_____

(5) 小组成员在规定时间内按要求完成任务了吗?

_____

3. 教师评价

(1) 小组综合表现:_____

(2) 优势:_____

(3) 待提升之处:_____

四、学习拓展

中国传统礼仪如下。

中国素有"礼仪之邦"之称,正所谓有礼仪之大谓之夏。中国礼仪以周为最,中国古代一般推行周礼。中国古代有五礼之说,祭祀之事为吉礼,冠婚之事为喜礼,宾客之事为宾礼,军旅之事为军礼,丧葬之事为凶礼。民俗界认为礼仪包括生、冠、婚、丧4种人生礼仪。实际上礼仪可分为政治与生活两大部类。政治类包括祭天、祭地、宗庙之祭,祀先师、先王、圣贤;乡饮、相见礼、军礼等。生活类包括五祀、高禖之祀、傩仪、诞生礼、冠礼、饮食礼仪、馈赠礼仪等。

华夏祖先用肢体动作传递"双向对等""有序有位"的语言,这些动作叫礼。传递下来的礼仪动作,承载着祖先传给后人的话语。

古时汉族礼仪动作有十,分别是拱手礼、一拜礼、两拜礼、三拜礼、叩首礼、执手礼、推手礼、交手礼、揖礼、鞠躬礼,具体见表1-11。

中国古时汉族礼仪动作　　表1-11

礼名	动作	适用范围	礼义
拱手礼	胸前拱手,后收,前推	日常礼仪	恭敬,接受,礼让
揖礼	曲臂,抱手,躬身	常规礼仪	恭敬,给予,接受
一拜礼	展臂,拢手,躬身30°	初相见,敬长	恭敬,接受,给予
两拜礼	展臂,拢手,躬身45°,两次	常规大礼	恭敬,接受,报答
三拜礼	高揖至额,躬身90°,三躬	敬天地祖师国家	恭敬,接受,报答
叩首礼	踞坐至地,拜,叩首	特定大礼	恭敬,接受,报答
执手礼	双手出,长下幼上,长执幼	行于长幼之间	父慈子孝,师道生尊
交手礼	双手交叉胸前,推出,平示	代孔夫子还礼	推让,给予,示之
鞠躬礼	垂手,躬身,可深可浅	通行礼仪	谦恭,接受,礼让
附手礼	双手附胸腹间,上手男左女右	行大礼前站姿	诚意正心

子任务5　早会管理与7S管理

学习目标

完成本学习任务后,你应该:

1. 能够按照早会要求和流程,组织一场早会;
2. 能够认识7S管理的重要性,并将7S管理要求付诸行动。

学习任务一 认识汽车维修接待

> **学习内容**
> 1. 早会管理的概念与内容;
> 2. 早会的流程与要素;
> 3. 7S 管理的含义,实施 7S 管理的步骤。
>
> **建议学时:6 学时**

任务描述

刚毕业的小陈应聘了一家 4S 店的实习汽车维修接待助理的工作,今天第一天到店上班,刚到公司就被叫上一起开早会,小陈对开早会的原因、开早会的目的,以及早会提到"每个人必须做好 7S 管理"中的"7S 管理"感到好奇。早会后,领导给小陈布置了明天主持早会的任务,假如你是小陈,你该怎样完成这个任务?

任务分析

要顺利完成早会的主持工作,首先需要知道召开早会给公司带来的好处,以及召开早会的流程和注意事项,再次需要知道 7S 管理的概念和作用,以及正确执行 7S 管理的方法,这样才能完成早会的主持工作,同时也可以培养责任感、积极主动性以及勤奋踏实,体现出优秀的工作能力。

一、知识准备

企业基础管理是现代企业管理的有机组成部分,它是运用科学的管理思想和简便的管理方式对生产现场的各种要素进行合理配置和优化组合的动态过程。要维持企业的正常运作,就必须让所用的资源处于良好、平衡状态,加强基础管理,以有限的资源为生产创造最大的发展空间。

在企业基础管理工作中,强化和推进早会管理和 7S 管理模式是做好基础管理最有效的手段之一,也是企业基础管理工作的范畴,是集员工素养、作业现场管理、行为与过程安全、规范的综合体,是对生产现场中的人流、物流、场所三者之间的关系进行科学的整合,使之达到最佳结合状态的一门科学管理方法。也能培养员工的工作责任感、调动员工的主动积极性,以及勤奋踏实的工作态度。

(一)认识早会管理

一个快速发展的企业,必然是一个重视经营管理的企业,而基层管理又是其中最基础、最重要的部分之一,只有做好基层管理,企业的根基才牢固,企业的凝聚力也会更强,这是企业快速发展的必要条件。

俗话说"一年之计在于春,一日之计在于晨",每天利用早会来统一团队的思想和行动,鼓舞员工,增强团队凝聚力和战斗力,使大家都能带着目标、方向和激情去开始一天的工作。还可以将维修企业在昨日的经营过程中出现的新问题进行交流,将当天计划的新内容进行安排。同时,还可以传达上级指令、汇报工作进展、交流工作经验(图1-31)。从而使每位员工都非常清楚地了解公司的经营方针政策、市场运转情况、个人工作方向,提高自己的工作效率。

图1-31 某品牌4S店召开早会

1. 召开早会的优点

早会可以对全体职工进行汽车维修品质观念的影响,动员全体职工重视汽车维修的质量,提高客户满意度。可以对产品的质量实施追踪、对员工的行为进行管理。通过对昨天工作的回顾,对产品品质异常的检讨、分析、矫正,总结经验,持续改进,逐步提高。可以培养企业主管的权威、形象、风范、气质,给企业主管提供一个良好的锻炼环境及与员工沟通的渠道。可以对职工的工作教养、工作伦理、工作习惯加以规范,使其向着企业文化的方向不断改进,最终达到提升全体员工素质的目的。具体优点如下。

(1)快速提升员工的精神面貌。

一天之计在于晨,利用早会上的具体时间来让员工意识到新的一天开始,从而在思想意识上调整精神面貌。良好的精神状态是高效工作的前提,主管要利用好晨会,传导正能量,增强员工的信心。

(2)促进员工的主动积极性。

培养员工的时间观念、纪律观念、形象观念。

(3)统一员工的价值观。

通过对组织中某些现象的评价,让员工清楚组织的原则、底线、提倡和反对的。对提倡的行为予以表彰鼓励,对反对的行为坚决予以惩处,以此将价值观根植于每个员工的心目中。

(4)培养员工良好的工作习惯。

每项工作要有安排、有检查、有追踪、有落实,让员工意识到工作必须落地,养成以目标为导向,工作无借口的习惯;在晨会最后,大家齐喊口号,如华为是:"一丝不苟,马上就做。不断改进,永不满足。"

(5)保障战略目标的实现。

企业的战略目标只有从内容上层层分解到个人,从时间上细化到年、月、日,再一件件落实,才能逐步实现,而早会正好可以通过检讨员工每天工作的进度,来落实战略的完成情况。

(6)部署重点工作。

将当日的工作重点进行部署和强调,确保每个成员知悉,同时便于相互间的配合。

(7)提供员工学习交流的平台。

早会中,各小组要汇报昨天工作情况,便于各小组之间的信息交流,从而提高工作效率和客户满意度;将早会作为信息交流的平台,及时传达公司的指示和精神,以及重大信息的反馈。

(8)提高管理能力。

早会是锻炼培养企业的中高管理层人员的很好形式。有利于把管理工作细化到部门、个人,有利于培养主管的目标任务观念;有利于提高管理人员的检查、监督、执行力度。通过策划早会,管理人员的领导能力、组织能力、表达能力、指挥能力等都将得到极大地提高。

2. 召开早会的流程

汽车维修企业高效的早会,需要目的明确、条理清晰、节奏紧凑、速战速决。一般按照如下流程进行。

(1)整队,问好(1min)。

主持人整理队伍,检查出勤人数。主持人发出"立正""向右看齐""向前看""稍息""报数"等口令时,发音要洪亮,口令要灵活。队伍整理好之后,向主持人报告本部门应到人数、实到人数、缺席人数、缺席人员姓名等,以便于统计与考勤。然后一起朗诵企业或者部门口号,一定要求热情澎湃、整齐响亮。

(2)学习新知识(2min)。

在检查考勤之后,主持人说:"各位同事,早上好!"同事们齐声回答:"好!很好!"主持人接着说:"今天是×××年×月××日,今天的早会由我来主持。今天早会的主要内容有……"由此切入早会主题。

(3)个人汇报(1min)。

在主持人的带领下,各成员逐一汇报昨天重点工作完成情况(只说结果,一件事一句话概括,对没完成的事情,当众承诺二次完成时间),当日重点工作内容(可以考虑控制在三件事以内)。

(4)主管点评(1~2min)。

个人汇报完后,主持人请领导对其工作情况进行点评,同时落实之前安排给他的工作进度。

(5)案例分享(1~3min)。

每天邀请一位同事进行分享,内容可以是经验或教训的总结,也可以是学习心得,要保证团队每天有成员进行分享。

(6)工作总结(1~2min)。

主持人简要总结昨天的工作情况,并通报最优和最差员工,同时结合身边的具体实例宣导企业的价值观。

(7)部署任务(1~2min)。

通报本部门当日或某阶段的重点工作及注意事项等,在表扬肯定的同时,鼓舞员工干劲。

(8)政令宣导(2min)。

包括重大信息的通报及制度概要的介绍或学习。

(9)结束早会(1min)。

主持人宣布早会结束。早会议题完成后,主持人做简单总结,宣布:"今天的早会到此结束,谢谢大家!"员工击掌三下并再次整齐地喊出口号来结束会议。

3. 召开早会的注意事项

(1)早会的时间。由于早会需要天天开,可以安排在上班前召开,一般掌握在10~20min为宜,超过20min,就有可能会影响工作,而且容易引起大家的普遍反感。早会一定要按时召开、按时结束。无故取消早会、到点不开早会的做法都会让职工对这一制度不再信任。

(2)早会的规模。早会的参会人员不宜过多或过少。假如早会参会人员过多,除了会拖延时间以外,多数人会感觉到早会的许多内容与自己无关,这就可能会影响参会人的情绪;参会人员太少,也无法营造必要的氛围。如果一个单位的部门、人员过多,可以分部门组织早会。而作为总部,则可以定期召集部门负责人进行"周会"。

(3)早会的地点。一般选择在就近的工作场所或办公区域,但是要确保开会时周围环境不影响晨会的效果。

(4)早会的要求。整理队伍是早会的第一项内容,也是能调整员工精神面貌最重要的项目,一定要认真对待,尽可能按军训要求去做。负责整理队伍的人,最好有一定的军事素质。所有员工必须按统一要求,做到站姿标准、着装统一、整齐划一、保持安静。对于迟到、早退、旷会以及在会议过程中违反相关规定的人员,一定要通过"事先制订规章制度,过程之中严格要求,如若违反严肃处理"的办法来制约,只有这样,大家才能在思想意识上充分重视早会。

(5)主持人的选定。开始阶段,最好以主管本人为主,之后根据部门形势的管控情况,决定是否调整或轮流主持。

(6)主持人的站立位置。主持人应在队列前方的位置,最好能随着不同的汇报对象,位置也随之变化,但要始终站在汇报者的正前方,两眼目视对方,无论点评还是在听取其汇报。

(7)早会的内容。召开早会时,切忌对一件事情反复唠叨,更不能利用早会漫无边际地发言,令站立的听众心生厌倦。这样既影响了纪律,又降低了主持人的威信,使早会的效果在员工心目中大打折扣。通常情况下正常内容不汇报,只谈结果,简明扼要,原因不解释、困难不解释;对成员之间可以自行协调解决的,不得提报早会。

(8)主持人的准备事项。主持人要注意自己的形象,对会议内容事先有所准备,主持早会的音量要大、态度要好,不能出现内容不熟、口吃等现象。早会内容一定要围绕汽车维修企业经营的实际情况,进行及时调整,这样才能调动参会人员的积极性,而且气氛要轻松,要懂得鼓励下属,调动员工兴趣,激发大家的参会积极性。

(二)认识7S管理

1. 7S管理的含义

(1)7S的起源与内容。

7S起源于5S管理体系,5S起源于日本,指的是在生产现场,对人员、设备、材料、方法、环境等生产要素进行有效的管理,这是企业通用的一种管理方法。

20世纪50年代,日本实施产业改革,将当时的2S(整理、整顿)作为企业品质管理的重要方法进行推行,日本的产品质量因此迅速提高。这种简单易行的管理方法推崇"安全始于整理整顿,终于整理整顿"的理念,后因生产控制和品质控制的需要,逐步提高,后续增加到3S,从其应用空间及适用范围进一步拓展。

1986年,首本5S著作问世,对整个日本现场管理模式起到了巨大的冲击作用,并由此在世界各国掀起了5S管理的热潮。5S应用于制造业、服务业等改善现场环境的质量和员工的思维方法,使企业能有效地迈向全面质量管理,主要是针对制造业在生产现场,对材料、设备、人员等生产要素开展相应活动。在各企业运用5S管理的过程中,根据各行业的需求,基于5S的基础上,增加了安全、节约两部分,进一步加宽对现场管理的范畴,形成了7S管理的内容(图1-32),即:整理(Seiri)、整顿(Seiton)、清洁(Seiso)、清扫(Seiketsu)、素养(Shitsuke)、安全(Safety)、节约(Save)。

图1-32 7S管理内容

 小贴士

有些企业还加上了习惯化(Shiukanka)、服务(Service)及坚持(Shikoku),形成10S,无论7S还是10S都是以5S为基础的。

(2)7S管理实施纲要。

7S管理实施纲要见表1-12。

学习任务一　认识汽车维修接待

7S 管理实施纲要　　　　　　　　　　　　　　　　　表 1-12

7S 项目	定义	实施要点	目的	效果
整理 Seiri	区分要与不要的东西，在岗位上只放置适量的必需品，其他一切都不放置	①清除垃圾或无用、可有可无的物品；不再使用的，坚定不移地处理掉；使用频率很低的，放进库房，标识并妥善保管；使用频率较低的，放在周围，如柜子或工具柜内；经常使用的，留在工作场所。②明确每一项物品的用处、用法、使用频率，加以分类。③根据上述分类清理现场物品，现场只保持必要的物品，清理垃圾和无用物品	腾出空间，防止误用	作业现场没有放置任何妨碍工作或者妨碍观看的物品
整顿 Seiton	整顿现场次序，将需要的东西加以定位放置并且加以标示（并且保持在需要的时候能立即取出的状态），这是提高效率的基础	①三定原则：定点、定容、定量，在整理的基础上合理规划空间和场所。②按照规划安顿好，使每一样物品，各得其所，"30s 内"找到想要的物品；同时使用后易复位，没有复位或误放时"60s 内"能知道。③做好必要的标识，令所有人都清楚明白。需要的物品明确放置场所；根据物品的属性划分区域摆放；区域的划分一定要结合工作实际情况，不可过于标新立异，不相容物品一定要分区摆放，相容物品可以同区摆放但要标识清楚避免误拿误放	减少寻找时间，创造井井有条的工作秩序	物品各安其位，可以快速、正确、安全地取得所需物品

续上表

7S项目	定义	实施要点	目的	效果
清扫 Seiketsu	将岗位变得干净整洁，设备维护得铮亮完好，创造一个一尘不染的环境	①在整理、整顿基础上，清洁场地、设备、物品，形成干净的工作环境。②领导以身作则；人人参与，清扫区域责任到人，不留死角。③自己使用的物品，如设备、工具等，要自己清扫，而不要依赖他人，不增加专门的清扫工。④对设备的清扫，着眼于对设备的维护。清扫设备要同设备的点检结合起来，清扫即点检；清扫设备要同时做设备的润滑工作，清扫也是维护。⑤清扫也是为了改善。当发现有飞屑和油水泄漏时，要查明原因，采取措施加以改进	消除"污脏"保持现场干净明亮	明亮清爽的工作环境
清洁 Seiso	清洁也称规范，将前3S进行到底，并且规范化、制度化	①不断地进行整理、整顿、清扫，彻底贯彻以上3S。②工作环境不仅要整齐，而且要做到清洁卫生，保证员工身体健康，提高劳动热情。③不仅物品要清洁，而且人本身也要做到清洁，如工作服要清洁，仪表要整洁，及时理发、刮须、修指甲、洗澡等。④员工不仅要做到形体上的清洁，而且要做到精神上的"清洁"，待人要讲礼貌、尊重他人。⑤要使环境不受污染，进一步消除浑浊的空气、粉尘、噪音和污染源，消灭职业病	形成制度和惯例，维持前3个S的成果	工作场所无垃圾、无污垢、无尘垢

续上表

7S 项目	定义	实施要点	目的	效果
素养 Shitsuke	建立并形成良好的习惯与意识,从根本上提升人员的素养	①继续推动以上 4S 直至习惯化。②制定相应的规章制度。③教育培训、激励,将外在的管理要求转化为员工自身的习惯、意识,使上述各项活动成为自觉行动	提升员工修养,培养良好素质和团队精神,实现员工的自我规范	全员主动参与养成习惯
安全 Safety	人人有安全意识,人人按安全操作规程作业	①建立系统的安全管理体制。②重视员工的培训教育。③实行现场巡视,排除隐患。④创造明快、有序、安全的工作环境	凸显安全隐患,减少人身伤害和经济损失	提高工作人员安全意识
节约 Save	对时间、空间、能源等方面合理利用,以发挥它们的最大效能	①能用的东西尽可能用,物尽其用。②重视培养员工的主人公意识。③废品丢弃前思考其剩余的使用价值。④7S 管理始于素养,终于素养,所以我们要注重素养,才能让 7S 管理不流于形式,才不会虎头蛇尾	创造一个高效率的,物尽其用的工作场所	合理利用资源,节约成本

2. 进行 7S 管理的原因

7S 管理是对生产产品的工作现场进行整理、整顿,保持生产设施处于清洁、整齐、有序的状态,并持续不断地改进工作环境的条件,以提高员工的工作积极性和工作效率,为确保产品质量创造条件。主要作用有:

(1)提供一个舒适的工作环境;

(2)提供一个安全的作业场所,最大限度减少安全事故的发生;

(3)推动作业标准化,提升全体员工的工作热情;

(4)稳定产品的质量水平,减少维修质量缺陷;

(5)提高现场工作效率,实现按时交车;

(6)增加设备使用寿命;

(7)塑造良好公司形象;

(8)创造一个能让客户参观的企业;

(9)提升员工的归属感;

(10)降低生产成本,提高效率,实现节约的目标。

3.进行7S管理的步骤

7S实施步骤见表1-13。

7S实施步骤 表1-13

步骤	内容	具体要求	注意事项
成立组织	成立组织后,企业领导必须重视此项工作,把7S管理纳入议事日程,企业一把手任组长,车间、配件、服务主管任组员,可根据需要设立副组长或秘书	小组主要负责如下工作: (1)制定7S推行的方针目标; (2)制订7S推行的日程计划和工作方法; (3)负责7S推行过程中的培训工作; (4)负责7S推行中考核及检查工作	(1)7S管理要长期坚持,整理、整顿不能平日不做,而靠临时突击将物品整理摆放一下;创造良好的工作环境,不能靠购置几件新设备、刷刷墙面;素养形成更不能靠一个会议解决问题。
制定7S管理规范、标准和制度	成立组织后,要制订7S管理规范及激励措施。根据企业的实际情况制订发展目标,组织基层管理人员进行调查和讨论活动,建立合理的规范和激励措施	(1)7S管理规范表。规范表的内容将在后面具体介绍; (2)标准、制度。制订工作场所必要物品定位标准、工作场所清扫标准和清洁制度、检查考评制度、岗位责任制和奖惩条例等	

续上表

步骤	内 容	具 体 要 求	注意事项
宣传和培训工作	普遍认为维修工作的重点是质量和服务,将人力放在7S上纯粹是在浪费时间;或者认为工作太忙,7S管理是劳民伤财;又或者认为7S管理是领导的事,与我无关等。因此,要推行7S管理,就应做好宣传和培训工作	宣传和培训包括如下内容: (1)7S管理基本知识,各种7S管理规范; (2)为什么要推行7S管理,7S管理有什么功效; (3)推行7S管理与公司、个人有什么关系等; (4)将7S管理推行目标、竞赛办法分期在宣传栏中刊出; (5)将宣传口号制成标语,在各部门显著位置张贴宣传; (6)举办一些内容丰富的活动,如结合实践编辑一些对7S管理宣传有益的节目,举办7S管理知识问答比赛等; (7)宣传和培训的对象是全体干部和员工,培训的方法可采取逐级培训的方式	(2)7S管理要依靠全体员工自己动手,持续推动,并在实施过程中不断培养全体员工的7S意识,提高7S管理水平
推行	在制订出相应的规章制度后就立即执行,让各部门人员重视7S管理的重要性	(1)由最高管理层作总动员,企业正式执行7S管理各项规范,各办公室、车间、货仓等对照适用于本场所的7S管理规范严格执行,各部人员都要清楚了解7S管理规范,并按照规范严格要求自身行为;	

续上表

步骤	内 容	具 体 要 求	注意事项
推行	在制订出相应的规章制度后就立即执行,让各部门人员重视7S管理的重要性	(2)此阶段为推行7S管理活动的实质性阶段,推行具体办法可以是样板单位示范办法,即选择一个部门作示范部门,然后逐步推广,也可以是分阶段或分片实施(按时间分段或按位置分片区的办法),还可以是7S管理区域责任和个人责任制的办法	—
实施	按照7S管理内容实施	开始实施整理、整顿、清扫、清洁、素养、安全、节约	
检查	规定时间进行检查,督促员工做好7S管理	(1)定期检查:日检、周检、月检; (2)非定期检查	
考核	行政部门或者主管领导在固定时间段进行考核	(1)早会考核; (2)例会考核; (3)客户考评; (4)奖惩考评	

二、任务实施

(一)任务目标

(1)能够按照早会流程及要求,召开早会;

(2)能够运用早会的注意事项来合理地安排早会的内容;

(3)能够运用7S管理的内容对日常工作和学习进行7S管理。

(二) 准备工作

(1)学生分组(4~5人一组),明确组内分工及职责。

(2)为了帮助你更好地完成实战演练任务,准备了以下工具设备、耗材以及表单资料(表1-14),请根据任务需要进行选择。

准备清单列表　　　　　　　　　　　　表1-14

工具、设备名称	图　示	作　用
维修顾问接待台		体现服务顾问的专业性,便于更好地为客户提供接待服务
早会流程考核表		明确任务要求、考核时间以及考核分值,便于客观地对任务完成情况进行评价考核
早会记录表		
7S管理考核要点评分表		

(三) 工作内容

经过早会后,小陈了解到早会的重要性,下定决心要好好地准备明天早上的早会,请你帮助小陈按照早会流程考核表(表1-15)的内容召开早会,并且根据注意事项确定早会内容,完成早会记录表(表1-16)的填写。

早会流程考核表　　　　　　　　　　　　　　表1-15

流程	考核要点	考核分值	考核得分
整队,问好 (1min)	是否整理队伍,检查出勤人数,以便于统计与考勤	2	
	整队声音是否洪亮,口令灵活	2	
	是否向主持人报告本部门应到人数、实到人数、缺席人数、缺席人员姓名等	4	
	是否热情澎湃、整齐响亮地一起朗诵企业或者部门口号	2	
	是否及时控制早会场面,有序组织	2	
	是否大声问好	2	
学习新知识 (2min)	是否大声进行自我介绍	4	
	是否简单明了地阐述今天早会的主体内容	5	
个人汇报 (1min)	是否邀请各个成员汇报昨日和今日工作	2	
	是否要求大家简洁明了,注意重点	2	
主管点评 (1~2min)	个人汇报完后,是否邀请领导对工作进行点评,并布置任务	2	
案例分享 (1~3min)	是否邀请同事进行分享,并表示感谢	2	
工作总结 (1~2min)	是否简要总结昨天的工作情况	5	
	是否结合事实宣导企业价值观	2	
政令宣导 (2min)	是否通报重大信息或者介绍学习制度概要	2	

续上表

流　　程	考 核 要 点	考核分值	考核得分
结束早会 （1min）	早会议题完成后,主持人是否做了简单总结	2	
	简单明了的总结,语言表达清晰,姿态大方自然,规范严谨	4	
	是否带领大家击掌并再次响亮整齐地喊出口号来结束会议	4	
合计		50	

早会流程考核表　　　　　　　　　　　　　　　　表 1-16

早会时间	年　　月　　日　　时　　分起　　时　　分止	
地点		主持人
缺席情况	应到_____人,实到_____人,其中迟到_____人,缺席____人,缺席人/事由：	
早会内容记录		
需持续、延续的工作 1. 2. 3. 4.		
部门需改进优化的问题和措施 1. 2. 3. 4.		
当日重点工作 1. 2. 3. 4.		
分管领导签阅：		

(1) 实施标准

①将早会的注意事项融入早会中；

②早会流程完善；

③早会内容合理；

④早会时间控制得当；

⑤自然大方地主持早会。

(2) 注意事项

①注意礼貌用语，态度谦和；

②早会过程中注意礼仪规范，是个人素质的展现。

小陈刚才接到领导的通知，下午会对小陈的 7S 管理进行考核，那么现在小陈将对自己的工作区域进行一个 7S 管理，来迎接领导对自己的 7S 管理的考核，请你帮助小陈按照 7S 管理考核要点评分表（表 1-17）的内容来进行 7S 管理。

(1) 实施标准

①明确 7S 管理的含义；

②对自己工作场所进行正确的 7S 管理；

③明白 7S 管理的作用。

(2) 注意事项

①在进行 7S 管理时首要注意安全事项；

②合理地对自己的办公区域进行 7S 管理，不要过于表现出异同。

7S 管理考核要点评分表　　　　　　　　　　表 1-17

部门：　　　　　　　　　　　　　　　　　　　　日期：

项 目	检 查 要 点	考核分值	考核得分
整理(20)	是否定期消除不必要物品	4	
	有无档案规定，并被清楚地了解	6	
	桌子、文件夹是否为必要最低限度	4	
	是否不必要的隔间，影响视野	3	
	桌子、文件架、通路是否有划分隔间	3	
整顿(20)	建档规定是否确实被执行	4	
	文件等无初稿定位化(颜色、斜线)	4	
	计算机安全性及磁盘、文档、邮箱管理	3	

续上表

项　　目	检 查 要 点	考核分值	考核得分
整顿(20)	需要的文件、资料(含电脑里的)能马上取出	4	
	办公桌、资料架的管理	3	
	购置品有无规定放置处,并做补充规定	2	
清扫(15)	地上、桌上是否杂乱	3	
	垃圾桶是否积得满满	3	
	管路、配线是否杂乱	3	
	开水供应处有无管理者标识	3	
	墙壁、玻璃是否保持干净	3	
清洁(10)	空调是否保持干净	2	
	抽屉内是否杂乱	2	
	私有物品有无按规定放置	2	
	下班时桌上是否整齐	2	
	是否遵照服装穿着规定	2	
素养(20)	是否有周工作计划表来管理	4	
	部门的重点目标、目标管理是否被可视化	4	
	公告有无规定,有无过期的公告	4	
	接电话人不在时,是否有留话备忘	4	
	部门活动或开会是否准时参加	4	
安全(10)	对高危操作工位有无采取必要的劳保措施	2	
	不穿拖鞋进入工作场所	2	
	不带危险品进入工作场所	2	
	下班关好门窗、电源、水源	2	
	电源电线是否裸露在外	2	
节约(5)	水、电、办公用品等资源是否有被浪费的现象	2	
	地上是否掉有产品、配件、原料、辅助材料、工具	3	
合计		100	
评估			

三、评价反馈

1. 自我评价

(1)对本学习任务的学习,你自己满意吗?
_____

(2)你能按照早会的注意事项准备早会吗?
_____

(3)你能按照流程及要求召开早会吗?
_____

(4)你能完整说出7S管理的内容吗?
_____

(5)你能通过7S管理自己的日常学习场所吗?
_____

2. 小组互评

(1)小组在接到任务之后组内讨论如何完成任务了吗?
_____

(2)小组在完成任务过程中有明确的分工吗?
_____

(3)小组在完成任务过程中组员都积极参与、相互配合吗?
_____

(4)小组在完成任务过程中注重礼貌用语,表达良好吗?
_____

(5)小组成员在规定的时间内完成早会召开和日常7S管理了吗?
_____

3. 教师评价

(1)小组综合表现:_____
(2)优势:_____
(3)待提升指出:_____

四、学习拓展

某汽车4S店早会管理制度

早会,在公司日常管理流程中,起到举足轻重的作用。我公司长期以来也坚持不懈地执行公司早会制度,在某段时间而言,对于整顿公司纪律、提高员工士气、传达和交流公司信息起到了重要作用,但鉴于相关原因,目前早会的组织工作逐渐演变成为走过场的形式,人员到会不整齐、服装不统一、员工精神萎靡、纪律松懈等情况比比皆是,严重影响公司的风纪、风貌,对于公司日常管理带来很大的负面影响。眼看旺季将临,公司团队若以现在的精神面貌去迎接重大挑战,必将遭到挫败,长此以往,对于团队的凝聚力和执行力亦造成重大影响。

为进一步提升公司风纪风貌、塑造强大的凝聚力和执行力,拟对公司早会纪律作进一步整顿,让早会起到应有作用,现根据实际情况重申早会的相关制度,希公司全体人员予以重视,具体内容如下。

1. 早会内容

(1)时间:5~10月,每周一~周六8:15开始;11~4月,每周一~周六8:30开始(节假日另行通知)。

(2)地点:4S店展厅内或4S店前坪(视具体天气情况进行调整)。

(3)参加人员:公司全体员工。

(4)主持部门:行政部。

(5)早会流程。

①第一个环节:整队。

a.时间:8:15—8:16(夏),8:30—8:31(冬)。

b.内容:吹哨、整队、集合、列队、报数。

c.要求:根据口哨声集合整队,口哨响三声后一分钟内所有人员必须到位,主持人进行整队(立正、稍息、向右看齐、列队、报数等),迟到人员须喊报告,征得主持人同意后方可入列。

②第二个环节:准备工作。

a.时间:8:16~8:20(夏),8:31~8:35(冬)。

b.内容:问好、考勤、仪容仪表检查。

c.要求:主持人进行问好,要求员工士气高昂,声音响亮;主持人点名进行记录考勤,由各部门主管进行汇报,要求声音响亮,语言简洁;行政部进行仪容仪表及精神状态检查,首先由各员工进行自检,然后由行政部进行检查。

③第三个环节:通报、交流。

a.时间:8:20~8:25(夏),8:35~8:40(冬)。

b.内容:各部门通报销售;售后业务进度;行政部公司制度、政策、通知传达;生日祝福;新同事介绍;早会检查结果通报;各部门需协调事项通告。

④第四个环节:运动、健身。

a. 时间:8:25~8:30(夏),8:40~8:45(冬)。

b. 内容:运动健身。

c. 要求:迟到的员工到场地中央随同主持人一起做运动、健身。

⑤第五个环节:整队、解散。

a. 内容:主持人整队,解散,鼓掌。

b. 要求:掌声整齐,鼓掌清脆,声音洪亮。

2. 早会总体要求

(1)精神饱满,严格按公司要求着装、佩戴工号牌。

(2)早会期间严禁交头接耳及制造其他噪音。

3. 早会考勤及处罚措施

(1)点名期间未到员工以迟到进行10元/次的罚款,当月累计迟到3次以上记书面警告一次。

(2)服装、工号牌未按照公司要求着装、佩戴者,按照公司制度处罚。

(3)大声喧哗,扰乱纪律者,视情节严重程度予以处理。

(4)点名期间由各部门负责人(或代理人)进行本部门员工参会情况汇报,各负责人需如实进行实到员工的汇报,若出现虚假汇报,经行政部查实对负责人记书面警告一次。

(5)行政部每月月初将上月早会考勤情况向全员公布。

学习任务二　汽车维修接待基本流程

子任务1　客户预约

学习目标

完成本学习任务后,你应该:

1. 能够按照电话预约形式区分主动预约与被动预约;
2. 能够说出电话预约的好处;
3. 能够按照电话预约要求及流程完成客户预约工作。

学习内容

1. 预约服务,预约的好处与形式;
2. 预约服务的流程;
3. 预约服务的电话沟通技巧。

建议学时:6 学时

 任务描述

白女士的汽车在2020年8月进行了第二次维护,系统显示这次维护里程为19678km,按时间推算,其汽车应该在近期进行第三次维护。在第二次维护结束后,白女士表示会主动电话预约第三次维护,但是到该维护的时间后,白女士却没有致电预约,作为一名专业的汽车维修接待人员,你将如何完成白女士的预约工作呢?

 **任务分析**

顺利完成客户预约服务工作前,需要知道进行预约的原因、预约的具体流程、与客户沟通的技巧,能按照预约流程完成客户到店前的预约服务工作,并能针对客户提出的问题进行准确解答,建立与客户的良好关系,培养变通能力,为客户预约准确的到店时间。

一、知识准备

(一)认识预约服务

预约服务是汽车维修服务企业提升客户对维修接待工作体验、提升市场份额、稳定客户基盘、增加入厂台次、降低运营成本的重要方式。有效地利用和推广客户的预约服务可以有效地提高车间利用率和客户满意度。

1. 预约服务的原因

预约服务是汽车维修服务发展的一大趋势,是维修服务流程的首个环节,是与客户建立良好关系的机会。预约服务既能让企业的生产资源(如工具、人员、配件、工位等)得以高效利用,降低成本,提高工作效率和设备利用率,也能有效地分流客户,提高工作效率及服务产能,减少客户对等待维修时间的抱怨,避免出现服务瓶颈,从而提高客户满意度。各个品牌的汽车维修服务流程都是从预约服务开始,经过维修接待、维修作业、质量检验、结账与交车,最后跟踪回访。

2. 预约服务的优点

预约服务的主要目的是控制客户到店的流量,根据维修服务中心本身的作业容量确定具体作业时间,将客户分配在不同的时间段内,这样既保证作业效率,又可以提高客户满意度,均化每日的作业量,具体内容如图2-1所示。

3. 预约服务的形式

预约服务的渠道很多,如电话、短信,或者通过邮件、QQ、微信等网上在线预约方式及现场预约等,但在实际操作过程中运用最多的还是电话预约。一般根据预约方式的不同,可以分为主动预约和被动预约。

(1)主动预约。即汽车维修服务企业的预约专员或者服务顾问主动预约客户(图2-2)。很多客户因时间、工作等各种原因无法时刻关注自己的车辆,同时,客户的汽车专业知识不丰富,不知道车辆何时需要何种修理,平时需要对汽车采取何种维护等。这就需要维修企业定期对客户进行电话访问,及时知道车辆的使用情况,提出合理的维修建议,根据客户的时间和维修企业的生产情况进行积极主动的合理安排,这种预约方式称为主动预约。其目的是招揽业务及更合理地安排作业。

(2)被动预约。即客户主动致电汽车维修服务企业预约(图2-3)。客户在用车过程中有故障问题,或者车主有较高的服务质量意识,能够按照维修手册的要求主动向汽车维修服务企业进行预约。一般情况下,汽车维修服务企业应合理安排,不得推脱。

预约服务对顾客的优点

①顾客可以方便地根据自己的日程安排服务时间。
②缩短顾客等待时间。
③获得更多的个别关照。
④获得更多的咨询时间。
⑤更充分的诊断时间,从而使顾客得到质量更好的服务。

预约服务对4S店的优点

①可以合理安排维修工作量,节约时间,从而提高生产效率。
②确保接待时间,以免遗漏顾客要求。
③使顾客的车辆得到迅速、优质的维修,提高顾客满意度和忠诚度。
④避免顾客集中出现,可以从容应对,避免不必要的纠纷。
⑤可以实现计划工作和单车过程控制。
⑥可以事先准备配件,实行计划作业,节约配件准备和查询对工作效率的影响。
⑦可以预先安排工作协作,加强计划性。
⑧主动关怀,唤醒"休眠"客户,确保客户保有率,减少客户流失。

图 2-1　预约服务的优点

图 2-2　主动预约

图 2-3　被动预约

4. 预约服务的期望

了解客户期望(图 2-4)能为客户提供个性化的关怀和服务,提高客户满意度,与此同时也能提高工作效率与处事变通能力。即通过客户关怀赢得、发展、保持有价值的客户,增加企业入厂量。不同类型的客户对待汽车维修服务企业期望不同,可将客户大体分为情感导向型、价格导向型、车辆性能导向型 3 类。

创造价值
①告诉客户与服务需求相关的优惠,可以在适宜的时候提供折扣;
②为客户提供有价值的信息和一流的客户体验;
③用事实证明相对于其他服务商的优势所在。

贴心服务
①在沟通中直接尊称客户的名字,提供客户感兴趣的信息;
②电话中以热情友好的方式接待;
③迅速回复预约邮件,通过客户选择的方式说明和确认客户的需求;
④询问与客户服务需求有关的详细问题;
⑤了解客户在该特约店的服务履历;
⑥了解客户并提供特别的优惠以维护与客户之间的业务。

高效便利
①能尽快接听电话;
②确定符合客户要求的预约日期和时间;
③预约时间前72h和24h通过客户选择的方式为客户进行预约提醒。

图 2-4　客户期望

(1)情感导向型。

客户希望与维修服务企业建立长期稳定关系,并希望工作人员也是相对固定的,能得到服务人员关注和重视。

(2)价格导向型。

客户以服务成本为向导,此类客户占汽车维修企业服务客户的主流,其需要事先了解可能需要支付的费用是否划算。

(3)车辆性能导向型。

客户需要更加方便快捷的预约服务,并且及时迅速地完成车辆所需要的所有维修。

(二)预约服务的准备工作与主要流程

1.开展预约服务前的准备工作

开始预约服务前首先按照主动预约客户到店的不同理由,如定保提醒、边缘客户预约、失联客户预约、活动宣传预约等,选定目标客户,根据邀约的不同目的来编写不同话术。

(1)首次维护。预约专员根据对新车客户的回访或者新车服务时的记录,计算客户车辆的平均行驶里程,预估首次维护进店的时间,前两周主动邀请客户预约进店。

(2)定期维护。预约专员利用维修服务企业运营管理系统的数据(历史行驶里程、维护进店日期),分析车辆的定期维护的时间间隔,预估进店维护的时间前两周主动邀请客户预约进店。

(3)服务营销活动。预约专员查询特约店运营管理系统中的登记信息,依据定期服务营销活动的计划,在活动开始前一个月和前两周主动邀请目标客户预约进店。服务营销活动推荐:

①邀请客户参加与汽车使用有关的服务活动;

②按照季节或节日推出不同的服务营销活动;

③每个季度向客户发送宣传信息(如新闻邮件、生日贺卡、周年纪念、季节维护活动等)。

(4)车辆召回。预约专员查询维修服务企业运营管理系统中的登记信息,依据车辆召回的政策,主动邀请目标客户预约进店。

(5)订购零件到货。客户来店订购零件或者在上次进店维修维护时由于零件供应问题没有及时更换的,零件部门每天向客户服务中心提供此类零件的订货信息。零件到货后,由零件部门通知预约专员,预约专员主动邀请目标客户进店。

(6)质量保证期到期。预约专员查询特约店运营管理系统中的客户车辆的质量保证期记录,根据质量保证政策,在客户车辆的质量保证期临近结束的前一个月和前两周向客户发送邀请。

然后整理出预约目标客户的类型,按照不同类型确定预约客户的名单,再次通过系统查看客户的维修信息等相关资料,做好预约客户登记表(表2-1)和预约中会用到的工时价格和零件价格及时间,具体流程如图2-5所示。

预约登记表　　　　　　　　　　　表2-1

日期	时间	客户姓名	联系电话	车牌	车型	维修项目	里程	是否提前一天预约	是否到店	主/被动预约类型	汽车维修接待员	底盘号	维修日期

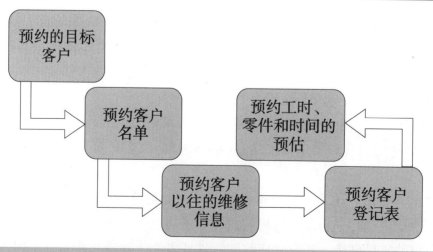

图2-5　预约服务前准备流程

学习任务二 汽车维修接待基本流程

🔔 小贴士

为带给客户良好的服务体验,预约专员应在给客户拨打电话前,调整好自己的工作状态,让自己保持轻松愉快的心情,由此带来的微笑表情是可以被客户"听见"的。需通过维修系统熟悉客户及车辆信息,包括客户姓名、性别、爱好、联系方式、车牌号、车型、车龄、行驶里程以及以往维修和维护历史等信息。

预约专员只有在对工位技师、专用工具、配件等维修车间生产状况比较清楚的情况下,才能确保为客户提供恰当的预约选择。工作用具包括电话、笔记本、预约登记表等。

2. 预约服务主要流程

合理的推荐与适时的引导客户将有效提高预约服务的成功率。那么完备的预约流程也就成了其中的关键控制点。所以,企业应该有相应的预约流程提供给参与预约的员工使用,以提高预约服务的满意度与成功率。

(1)主动预约服务的流程与要求见表2-2。

主动招揽(主动预约)服务流程　　　　　表2-2

流　程	具 体 要 求	注 意 事 项
确定邀请信息	确定本次预约的主要目的:首次维护、定期维护、服务营销活动、车辆召回、订购零件到货	(1)提前做好准备,以免电话中出现慌乱不专业待定检查项目需与客户解释清楚; (2)告知预约保留时间,提前2h确认; (3)预约时间尽量错过高峰期; (4)预约优先派工,预留专用通道衔接各部门,提前做好人员、配件等准备; (5)制作预约客户欢迎牌,体现预约尊贵服务
准备邀请客户	确认客户信息:车主姓名、邮寄地址、邮政编码、联系电话、证件号码等必要信息; 确认车辆信息:行驶里程、车牌号码、车辆识别码、质量保证期、车辆型号、车身颜色等必要信息; 确认服务履历:上次进店维修维护时的行驶里程、服务项目、服务费用、维修维护推荐的但是没有进行的项目、客户投诉的记录; 选择邀请方式:了解客户首选的联系方式(例如:电话、短信、微信、QQ号码等)和联系时间;	

续上表

流程	具体要求	注意事项
准备邀请客户	准备工作用具:电话、笔记本、预约登记表等	（1）提前做好准备,以免电话中出现慌乱不专业待定检查项目需与客户解释清楚; （2）告知预约保留时间,提前2h确认; （3）预约时间尽量错过高峰期; （4）预约优先派工,预留专用通道衔接各部门,提前做好人员、配件等准备; （5）制作预约客户欢迎牌,体现预约尊贵服务
拨打电话	编制电话直接邀请的标准话术,按照标准与客户通话。如果出现3次无人接听或者电话号码错误的情况,预约专员将始终无法取得联系的客户的详细情况记录在客户关系管理系统或预约记录单中,准备传递给服务顾问进行进一步核实	
问候+自我介绍	亲切问候并进行自我介绍(品牌+公司+岗位+姓名)询问客户是否方便接听电话(是→继续,否→另行预约);如果客户直接挂掉电话,可通过发短信告知电话目的及预约好处	
确认客户信息	确认车主姓名、邮寄地址、邮政编码、联系电话、证件号码等必要信息	
确认车辆信息	与客户确认购车时间(首保客户)、车牌号、行驶里程、车况、联系电话等相关信息; 若车辆有问题,应根据故障类型确定是否需及时处理,若无需及时处理可进行记录,到客户维护时一起处理	
说明致电的目的	说明本次致电的主要内容(表2-1)和预约的好处	

续上表

流　　程	具体要求	注意事项
提供预约服务	客户接受邀请:使用封闭式提问的方式来提供预约时间,至少有3个时间段供客户选择,再次确认预约时间;客户拒绝邀请:致歉并感谢客户接听	(1)提前做好准备,以免电话中出现慌乱不专业待定检查项目需与客户解释清楚; (2)告知预约保留时间,提前2h确认; (3)预约时间尽量错过高峰期; (4)预约优先派工,预留专用通道衔接各部门,提前做好人员、配件等准备; (5)制作预约客户欢迎牌,体现预约尊贵服务
其他帮助	询问客户还有没有其他需要帮助的地方,并记录在预约登记表	
提醒客户携带资料	首保客户或者是定期维护客户提醒其携带维护手册、行驶证等资料。其他客户按需求提醒客户携带资料	
确认预约内容	确认送修人姓名、电话、预约到厂时间、维修项目、大概费用(含工时费、零件费等)以及所需维修时间,并告知客户到厂前一天会以打电话或者发送短信的方式提醒客户	
结束电话	感谢客户接听电话并送上祝福语。注意:挂断电话时必须等客户先挂断电话后预约人员才能挂断电话	

(2)主动预约日常维护案例。

预约专员:"您好,请问您是川×××××的车主张先生吗?"

客户:"是的,有什么事情?"

预约专员:"张先生,您好,我是×××××店汽车维修接待员×××,我是想为您做车辆的定期维护提醒和预约,大概耽误您2~3min的时间,请问您现在是否方便接听电话呢?"

客户:"好的,你说。"

预约专员:"张先生,为了保证您的安全,我可以在您方便的时候再打给您。请问您现在有没有在开车?"

客户:"没关系,我在办公室。"

预约专员:"张先生非常感谢您,现在距您的爱车上次维护已经有3个月了,为了保持您的爱车始终处于最佳状态,保证车辆正常和安全的驾驶,我想和您确认一下,您汽车现在行驶了多少里程呢?车辆有没有其他问题呢?"

客户:"现在已经行驶了40323km。"

预约专员:"张先生您上次维护时候的里程是31083km,您看您最近是否有时间为您的爱车进行这次的定期维护呢?"

客户:"噢,我准备10月1日去吧!"

预约专员:"张先生,好的,您10月1日上午来还是下午呢?您方便和我确认一下吗?我可以为您安排双人工位的快速维护,原来为一名技师操作,现在由两名技师共同操作,在保证维修维护质量的基础上提高工作效率,可以节约您宝贵的时间。"

客户:"上午吧。"

预约专员:"好的,张先生,我们上午的预约时间还有上午9:00和11:30,您哪个时间方便呢?"

客户:"上午10:00吧。"

预约专员:"张先生,您是否方便提前一个小时呢?如果您9:00到,大概只需要一个小时就可以完成本次维护的项目,10:00是进场高峰期,维护周期相对会比较长。"

客户:"好的,那就9:00吧!"

预约专员:"张先生,再次和您确认一下全部的内容,您预订在10月1日上午9:00进场,本次维护我们要为您的爱车更换机油和机油滤清器,费用总计为468元,时间需要1h,10:00左右就可以完工,维护同时我们会对您的爱车进行全面细致的检查,发现任何项目我们会首先联系您,我会在9月30日和您再次联系确认的,好吗?"

客户:"好的。"

预约专员:"张先生,非常感谢您,您的预约信息我已经登记下来,稍后我会将您本次的预约转给专属为您服务的服务顾问×××,他会在10月1日的8:00和您联系,您有什么问题可以随时咨询他,他的联系方式是××××××××××,10月1日期待您的光临,祝您事事顺心如意,10月1日见!"

客户:"再见!"

预约专员:"再见!"

(3) 被动预约服务的流程与要求见表2-3。

被动预约服务流程　　　　　　　　表2-3

流　　程	具体要求	注意事项
接听客户电话	以铃响3声或者彩铃9s内接听客户的电话,以友好、缓和的语调问候客户,在电话机旁准备好记录用的纸笔,接电话时,不使用"喂"回答,且音量适度,不要过高	(1)告知预约保留时间,提前2h确认; (2)预约时间尽量错过高峰期; (3)预约优先派工,预留专用通道,提前做好人员、配件等准备; (4)制作预约客户欢迎牌,体现预约尊贵服务
自我介绍	自我介绍(品牌+公司+岗位+姓名),询问客户是否需要帮助	
确认姓名	确认车主姓名	
确认客户需求	采用开放式的提问,引导客户主动讲述车辆的实际状况和服务需求,并在维修企业运营管理系统或预约记录单中进行详细的记录	
确认客户信息	车主姓名、邮寄地址、邮政编码、联系电话、证件号码等必要信息	
确认车辆信息	行驶里程、车牌号码、车辆识别码、发动机号码、质量保证期、车辆型号、车身颜色等必要信息	
解答客户疑问	用专业的话术回答客户问题,如有不能解决的问题可寻求技术顾问帮助	
确认预约时间	使用封闭式提问的方式来提供预约时间,至少有3个时间段供客户选择,再次确认预约时间	

续上表

流　　程	具体要求	注意事项
其他帮助	询问客户还有没有其他需要帮助的地方,并记录在预约登记表	(1)告知预约保留时间,提前2h确认; (2)预约时间尽量错过高峰期; (3)预约优先派工,预留专用通道,提前做好人员、配件等准备; (4)制作预约客户欢迎牌,体现预约尊贵服务
提醒客户携带资料	提醒首保客户或者是定期维护客户携带维护手册、行驶证等资料。按需求提醒其他客户携带资料	
确认预约内容	确认送修人姓名、电话、预约到厂时间、维修维护项目、各项目费用(含工时费、零件费等)以及所需维修时间,并告知客户到厂前一天会以打电话或者发送短信的方式提醒客户	
结束电话	感谢客户致电并送上祝福语。 注意:挂断电话时必须等客户先挂断电话后预约人员才能挂断电话	

(4)被动预约制动时异响的案例。

预约专员:"您好,欢迎致电××××××店,我是预约专员×××,很高兴为您服务。请问有什么可以帮您?"

客户:"你好,我的车有奇怪的声音。"

预约专员:"好的。先生,请问您贵姓?"

客户:"免贵姓王。"

预约专员:"好的。王先生,请问您是一直在我们店维修维护吗?车牌号是多少呢?"

客户:"是的,我的车一直在你们店维修,车牌号是川××××××。"

预约专员:"好的。王先生,我已经在系统上查询到您的维修记录,您说您的爱车有奇怪的声音,您能大概形容一下是什么样的声音吗?您在使用的过程中察觉出声音的大概位置在哪里呢?一般是在哪种情况下才会出现该种声音?"

客户:"像是一种很大的摩擦声,好像在是车前的底部,一般都是在脚制动的时候声音特别大。"

预约专员:"好的。先生,请问出现这种声音大概多长时间了?制动的时候会不会有影响?只有声音大吗?还有其他什么现象吗?"

客户:"3天前出现的这种声音,脚制动的时候除了声音大之外没有其他现象了。"

预约专员:"好的。王先生,应该是刹车片和刹车盘之间摩擦出现的声音,还需要您到店,我们对您的爱车进行检查和维修,我可以给您预约一个时间,到时候您到店就可以直接检查,可以吗?"

客户:"行,不用等?"

预约专员:"是的。王先生,您哪一天到店检查呢?"

客户:"那就后天吧。"

预约专员:"好的。王先生,后天上午还是下午呢?上午的可以预约的时间还有10:30和11:30,您哪个时间方便一点呢?"

客户:"那就上午10:30吧。"

预约专员:"好的。王先生,我已经为您登记清楚,再次和您确认一下全部的内容,您预订在5月3日上午10:30进场,本次是为检查制动时的异响,具体检查时间及维修费用待定,检查完成后,我们会对您的爱车再进行一次全面细致的检查,如果发现任何项目,那么我们会首先联系您,我会在5月2日和您再次联系确认,好吗?"

客户:"好的。"

预约专员:"王先生,非常感谢您,我已经登记您的预约信息,稍后我会将您本次的预约转给为您服务的汽车维修接待员×××,他会在5月3日的8:00和您联系,您有什么问题都可以随时咨询他,他的联系方式是××××××××××,5月3日期待您的光临,祝您事事顺心如意,5月3日见!"

客户:"再见!"

预约专员:"再见!"

(三)预约服务的电话沟通

1. 电话预约时的注意事项

(1)正确选择拨打电话时间。合适的时间一般如下:8:00前、11:00~14:00、17:00后,深夜不宜打电话。

(2)确认对方的电话号码、单位、姓名。

(3)准备需要的资料、文件等,准备纸笔进行记录。

(4)通话内容简洁、明了,避免使用对方不能理解的专业术语或简略语。

(5)通话时间不宜过长,语速不宜过快。

(6)使用礼貌语言。

(7)外界的杂音或私语不能传入电话内。

2. 电话预约的要点

(1)合理运用预约的机会点。

(2)结合客户特点调整沟通方式,而不是播放通知。

(3)真心为客户着想,而不是为了完成任务。

3. 电话预约的常见沟通技巧

常见的沟通技巧有:认真倾听客户的需求掌握沟通技巧、信任产品、营造场景、善用数字、通过提问和共情了解客户拒绝的真实原因。

(1)常见沟通技巧之一:认真倾听客户的需求。

要点:注意倾听客户的反馈,了解客户的想法,特别是要学会提问,打开客户的心扉。

(2)常见沟通技巧之二:掌握沟通技巧。

要点:不同的客户关注的内容不同,部分客户比较关注价格,部分客户比较在意经销商的服务,因此,不能照搬已有话术模板,必须见机行事。

(3)常见沟通技巧之三:信任产品。

要点:每家经销商都有优点和缺点,不可以因为缺点而不信任服务或产品,要时刻相信经销商能为客户提供的产品和服务,这样才能让客户相信该观点。

(4)常见沟通技巧之四:学会营造场景。

要点:不能只是介绍产品。否则很难激发客户的购买激情。要运用形象描述的沟通技巧,通过对使用场景的描述感染客户。

(5)常见沟通技巧之五:善用数字。

要点:将服务或产品的数据熟记于心。介绍产品时做到脱口而出,这不仅会让客户信任服务或产品,也会让客户信任预约员的专业性。

(6)常见沟通技巧之六:通过提问和共情了解客户拒绝的真实原因。

要点:客户不一定会直接表达拒绝的真实愿意。学会用提问和共情的方式,取得客户信任。了解客户拒绝的真实原因,针对真实拒绝原因来提供有针对性的方案和话术,从而引导客户进店。

二、任务实施

(一)任务目标

(1)能够运用电话使用技巧,进行正确的电话沟通;
(2)能够运用电话预约的优点,完成对客户的预约工作;
(3)能够按照预约服务流程及要求,完成客户的主动预约和被动预约工作。

(二)准备工作

(1)学生分组(2~3人一组),明确组内分工及职责;
(2)为了更好地完成实战演练任务,准备以下工具设备、耗材以及表单资料(表2-4),请根据任务需要进行选择。

准备清单列表　　　　　　　　　　　　　表2-4

工具、设备名称	图　示	作　用
固定电话		模拟企业真实工作场景,更有利于一体化课程学习任务的开展
预约登记表、笔		记录客户需求

续上表

工具、设备名称	图示	作用
计算机、预约系统软件		登记预约记录,方便查询
预约服务评分表		明确任务要求、考核时间以及考核分值,便于客观地对任务完成情况进行评价考核

(三)工作内容

1.接听电话

白女士致电反映其车辆存在跑偏的现象,请根据预约的优点和电话沟通技巧,邀请白女士到店对其车辆进行检查,按照被动预约服务评分表(表2-5)完成白女士的被动预约工作,并填写预约登记表。

(1)实施标准。

①接听电话时亲切问候白女士;

②交谈过程中询问了白女士的需求,并专业地为白女士解答了疑问;

③与白女士确定了预约时间和维修项目、费用以及维修所用时间;

④通话全程中用语礼貌规范,态度谦虚,面带微笑;

⑤按照被动预约服务流程完成白女士的预约工作。

学习任务二　汽车维修接待基本流程

被动预约服务评分表　　　　　　　　　　　　表 2-5

被动预约服务					
评分要点		评分要求	时间要求	考核分值	考核得分
接听电话	仪容仪表	女生化淡妆、头发束起；男生头发长度合适、干净整洁	1min	2 分	
	接听客户电话	铃响 3 声或者彩铃 9s 内接听客户的电话，以友好、缓和的语调问候客户		5 分	
		在电话机旁准备好记录用的纸笔，接电话时，不使用"喂"回答，音量适度，不要过高		5 分	
	自我介绍	自我介绍(品牌＋公司＋岗位＋姓名)，询问客户是否需要帮助		5 分	
	确认姓名	确认车主姓名	6min	4 分	
	确认客户需求	采用开放式的提问，引导客户主动讲述车辆的实际状况和服务需求，并在维修企业运营管理系统或预约记录单中进行详细的记录		8 分	
	确认客户信息	车主姓名、邮寄地址、邮政编码、联系电话、证件号码等必要信息		10 分	
	确认车辆信息	行驶里程、车牌号码、车辆识别代号、发动机号码、质量保证期、车辆型号、车身颜色等必要信息		14 分	
	解答客户疑问	用专业的话术回答客户问题，遇上不能解决的问题可寻求技术顾问帮助，介绍预约的好处		8 分	

续上表

被动预约服务					
评分要点		评分要求	时间要求	考核分值	考核得分
接听电话	确认预约时间	使用封闭式提问的方式来提供预约时间,至少有三个时间段供客户选择,再次确认预约时间	6min	5分	
	其他帮助	询问客户还有没有其他需要帮助的地方,并记录在预约登记表		5分	
	提醒客户携带资料	提醒首保客户或者是定期维护客户携带维护手册、行驶证等资料。其他客户按需求提醒客户携带资料		5分	
	确认预约内容	确认送修人姓名、电话、预约到厂时间、维修维护项目、各项目费用(含工时费、零件费等)以及所需维修时间,并告知客户到厂前一天会以打电话或者发送短信的方式提醒客户		12分	
	结束电话	感谢客户致电并送上祝福语		2分	
		注意:挂断电话时必须等客户先挂断电话后预约人员才能挂断电话		2分	
		通话全程用语礼貌规范,态度谦虚,面带微笑		8分	
合计			7min	100分	

(2)注意事项。

①注意礼貌用语,保持微笑;

②在记录故障现象时,需按照客户描述原话进行记录。

2.拨打电话

运用所学知识,主动拨打白女士电话进行预约工作,按照主动预约服务评分表(表2-6)的要求,邀请白女士到店对其车辆进行第三次维护,并完成预约登记表。

(1)实施标准。

①能完整地按照主动预约服务流程完成对白女士的预约工作;

②在与白女士进行良好沟通的过程中,体现出专业性;

③能与客户进行良好有效的沟通,关注客户需求;

④完整且正确地完成预约登记表的填写;

⑤预约服务考核评分达到80分以上。

(2)注意事项。

①讲话的内容要有次序,简洁、明了;

②需按照预约服务评分表顺序完成接待工作,不要出现漏项、跳项。

主动预约服务评分表 表2-6

评分要点		评分要求	时间要求	考核分值	考核得分
主动预约服务					
预约前准备	仪容仪表	女生化淡妆、头发束起;男生头发长度合适、干净整洁	1min	2分	
	确定邀请信息	确定本次预约的主要目的:首次维护、定期维护、服务营销活动、车辆召回、订购零件到货	3min	5分	
	准备邀请客户	确认客户信息:车主姓名、邮寄地址、邮政编码、联系电话、证件号码等必要信息	3min	5分	

续上表

评分要点			评分要求	时间要求	考核分值	考核得分
主动预约服务						
预约前准备	准备邀请客户		确认车辆信息：行驶里程、车牌号码、车辆识别代号、发动机号码、质量保证期、车辆型号、车身颜色等必要信息	3min	5分	
			确认服务履历：上次进店维修维护时的行驶里程、服务项目、服务费用、维修维护推荐的但是没有进行的项目、客户投诉的记录		5分	
			选择邀请方式：了解客户首选的联系方式（例如：电话、短信、微信、QQ等）和联系时间		4分	
			准备工作用具：电话、笔记本、预约登记表等		3分	
电话邀约	拨打电话		编制电话直接邀请的标准话术，按照标准与客户通话	5min	5分	
	问候+自我介绍		亲切问候并进行自我介绍（品牌+公司+岗位+姓名），询问客户是否方便接听电话（是→继续，否→另行预约），如果客户直接挂掉电话，通过发短信告知电话目的及预约好处		5分	
	确认客户信息		确认车主姓名、邮寄地址、邮政编码、联系电话、证件号码等必要信息		6分	

学习任务二 汽车维修接待基本流程

续上表

主动预约服务					
评分要点		评分要求	时间要求	考核分值	考核得分
电话邀约	确认车辆信息	与客户确认购车时间(首保客户)、车牌号、行驶里程、车况、联系电话等相关信息	5min	6分	
		询问车况,若车辆有问题,应根据故障类型确定是否需及时处理,若无需及时处理可进行记录,到客户维护时一起处理		5分	
	说明致电的目的	说明本次致电的主要内容		6分	
		说明预约的好处		5分	
	提供预约服务	客户接受邀请:使用封闭式提问的方式来提供预约时间,至少有三个时间段供客户选择,再次确认预约时间		5分	
		客户拒绝邀请:致歉并感谢客户接听		2分	
	其他帮助	询问客户还有没有其他需要帮助的地方,并记录在预约登记表		5分	
	提醒客户携带资料	首保客户或者是定期维护客户提醒其携带维护手册、行驶证等资料。其他客户按需求提醒客户携带资料		5分	
	确认预约内容	确认送修人姓名、电话、预约到厂时间、维修维护项目、大概费用(含工时费、零件费等)以及所需维修时间,并告知客户到厂前一天会以打电话或者发送短信的方式提醒客户		5分	

续上表

主动预约服务					
评分要点		评分要求	时间要求	考核分值	考核得分
电话邀约	结束电话	感谢客户接听电话并送上祝福语	5min	4分	
		注意：挂断电话时必须等客户先挂断电话后预约人员才能挂断电话		2分	
		通话全程用语礼貌规范，态度谦虚，面带微笑		5分	
合计			12min	100分	

三、评价反馈

1. 自我评价

(1) 对本学习任务的学习，你自己满意吗？

(2) 你能完整说预约服务的好处吗？

(3) 你能按照流程及要求独立完成对客户的预约服务工作吗？

(4) 你能根据客户需求为客户提供帮助吗？

(5) 你能再次确认预约时间、维修维护项目、费用以及维修维护所需时间吗？

2. 小组互评

(1) 小组在接到任务之后组内讨论如何完成任务了吗？

(2) 小组在完成任务过程中有明确的分工吗？

(3) 小组在完成任务过程中组员都积极参与、相互配合吗？

(4)小组在完成任务过程中注重礼貌用语,并表达清晰、简洁吗?
_____

(5)小组成员在规定时间内按要求完成预约服务工作了吗?
_____

3.教师评价

(1)小组综合表现:_____

(2)优势:_____

(3)待提升之处:_____

四、学习拓展

1.投诉抱怨客户的类型

不同的客户类型,处理的方式也不一样,可将投诉抱怨客户大体分为全面否定型、喋喋不休型、缺乏信任型、立竿见影型、推卸责任型、发泄情绪型、迷惑犹豫型等。

(1)全面否定型。

①特点:针对偶尔遇到的情况而否定全局。

②应对方法:表示理解;尽快引导客户说明投诉要点;仔细倾听投诉要点并记录,告知客户解决方案并记录;达成共识,征求意见。

③例子:例如采用"我理解您的心情,您能详细讲述一下出现问题时的具体情况吗?"的话术。

(2)喋喋不休型。

①特点:不厌其烦地叙述同一件事。

②应对方法:采取适当时机终止客户的叙述;引导客户说明投诉要点;快节奏讲明问题解决方案;注意避免征求客户意见;迅速退出后尽快解决。

③例子:例如采用"为了能尽快给您解决这一问题,我想向您提几个问题可以吗?""你的问题我已详细了解了,我会采取XX种方式解决,解决后我会尽快通知您。"的话术。

(3)缺乏信任型。

①特点:对解决问题抱以怀疑态度。

②应对方法:声明工作职责,加强客户信任;表示对客户的重视;确认客户所说的内容;明确解决方案与解决时限;达成共识。

③例子:客户要求领导接电话,这时不要说领导正在开会等理由,而应说明:

"作为公司客户服务中心的一员,我的责任就是将用户的问题视为自己的问题来解决,决不会因为领导在或不在而改变,请您相信我。我会全力解决您所提出的问题。"

(4)立竿见影型。

①特点:急性子客户。

②应对方法:强调说明对客户急迫心情的理解;让客户了解工作程序;说明时限;达成共识。

③例子:例如采用"针对您提出的问题我将采取……方式,按照程序应该在……天才完成,但我会尽快在……小时(天)内解决,之后我希望能再与您进行沟通,请您观察一下。"的话术。

(5)推卸责任型。

①特点:掩盖事实真相。

②应对方法:说明客户事情根由;指明解决地点及方法;达成共识,告知其相关服务;说话严谨。

③例子:部分车主因使用不当或错误理解造成某项操作不能实现,却认为是车辆的问题或其他情况。维修接待员可以说:"您提出的问题,在一般情况下不应该出现,但由于我不能看到您所提供的车辆状态,因此不能恰当解决,为避免造成对您的误操作或问题误会,您可以开车来我们这里,将由专人为您解释。"

(6)发泄情绪型。

①特点:不停地咒骂。

②应对方法:聆听;双方认可解决方案并最终平息客户情绪,达成共识;落实要求;最后感谢客户;表示理解客户心情。

③例子:偶尔在电话中维修接待员会遇到非常生气的客户。维修接待员首先听清客户的问题,并认定客户是正确的,有礼貌地说:"您的心情我非常理解,我确实非常想帮助您,但是我不愿意您的这些情绪化的言语造成我们更多的误解,毕竟最终应该解决您的问题。"听了上述说法之后的大多数客户会语气缓和,对于少数的客户维修接待员可以重复刚才的话术,如果客户依旧情绪激动,维修接待员可以采取聆听方式,不作评论,待用户挂机后,把该情况及时报告给相关领导。

(7)迷惑犹豫型。

①特点:态度比较平和,但并不了解问题本身的内容,更不清楚维修接待员提供的业务,会不停来电咨询。

②应对方法:聆听;找出客户所叙述内容要点提问;针对要点进行简短的肯

定或否定回答；尽量不要使用到双重否定句。

③例子：这类客户主要为咨询用户，回答此类客户要态度平和、耐心，可根据客户咨询的业务灵活解释。

2．处理电话投诉的方法

（1）了解责任方。听完户投诉后，向客户致歉（但不要一味地道歉），弄清投诉的原因及责任方。

（2）若责任方是客户，向其解释，并给予其帮助。

（3）若责任方是汽车维修服务企业，应表现出对问题的高度关心，进行投诉处理流程。

（4）耐心倾听，仔细倾听，抓住投诉具体情况，但要适时打断客户的抱怨。

（5）表示理解和同情，无论责任方是谁，都要表现出理解与同情，让客户感觉到维修接待人员是站在他的立场上考虑，而非一味地维护公司的利益。

（6）提供相应的解决方案。

（7）勇于承认服务工作的失误，或维修中出现的问题。

（8）告知如何解决。

（9）一时不能解决，给予客户一个明确的回复时间。

子任务2　接待前准备

学习目标

完成本学习任务，你应该：

能够正确选取客户接待所需的工具、单证等，完成维修接待前的准备工作。

学习内容

1．接待前的单据准备；

2．接待前的用具准备。

建议学时：6学时

任务描述

为了迎接白女士驾驶车辆到店维护，按照公司规定，需要对白女士的预约进行接待前的准备工作。作为一名专业的汽车维修接待员,为保证接待工作的顺利开展,使客户对本店的服务感到满意,你将为迎接白女士的到店做哪些准备工作呢?

任务分析

为了顺利完成白女士到店后的接待工作,你需要在白女士到店前做好单据、工具、预约看板、客户资料信息、零件材料、人员等方面的准备工作,要能够正确地识读接车单,正确地选取和使用接车检查工具、用具等相关工作内容,能够按照接待前的流程准备相关资料和事项。

一、知识准备

接待前准备流程旨在确保客户到达特约店时,特约店已经做好充分的准备,以保证汽车维修接待员与每位客户的交流时间和服务质量,在最大程度上方便客户,提高客户满意度。主要的目的如图 2-6 所示。

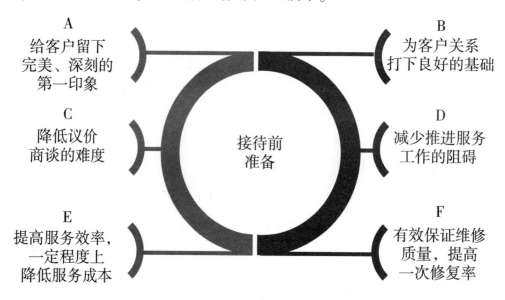

图 2-6 接待前准备的目的

(一)接车单的准备

1. 接车预检单

接车单即送修车辆进入维修企业后,汽车维修业务接待人员记录送修车辆基本情况和客户要求的单据,是客户委托修理的重要单据。不同企业的接车单

学习任务二 汽车维修接待基本流程

的形式略有不同,区别在于企业的特殊要求以及指定个性化的检查项目。接车单中一般包含车辆基本信息栏、环车检查图、客户故障表述栏等基本项,其他内容可以结合维修(或者维护)项目进行添加或者与其他单据合并使用,见表 2-7。

接 车 预 检 单　　　　　　　表 2-7

车牌号		车主		燃油量	
联系电话		行驶里程		日期	
车辆清洗　是□ 否□ 维护手册　有□ 无□			旧件返还　是□ 否□ 贵重物品　有□ 无□		
用户需求					
车身及油漆检查		内部检查	正常	异常	建议操作
//划痕　○凹陷　X 车身损伤		仪表盘照明信息			
		内部照明			
		风窗玻璃			
		刮水片			
		玻璃清洗液			
		车辆内饰			
		车窗升降			
		后视镜调节			
		外部检查	正常	异常	建议操作
		油、水、液			
		机油			
		随车工具			
		三角警示架			
		备胎			
		千斤顶			
检查轮胎		轮胎磨损			

续上表

车身及油漆检查		内部检查	正常	异常	建议操作
左前轮花纹 ___mm	右前轮花纹 ___mm	轮胎花纹			
		轮胎损伤			
左后轮花纹 ___mm	右后轮花纹 ___mm	前制动片			
		后制动片			
维修建议					
个人设置是否复原：收音机　空调　座椅　是□　否□					
客户签字		服务顾问签字			
付款方式：现金□　支票□　刷卡□　转账□　微信□　支付宝□					

2.现有的新型接车方式

由于科技的不断发展，现在一部分4S店已经摒弃了传统的接车单来接待客户，部分4S店已经开发出适应自己公司的接车App，通过手机就能进行现场的接车，传统的接车单能实现的功能新型App也能实现，甚至可以满足接车预检时录制视频、音频、与客户实时沟通等功能。如图2-7、图2-8所示。

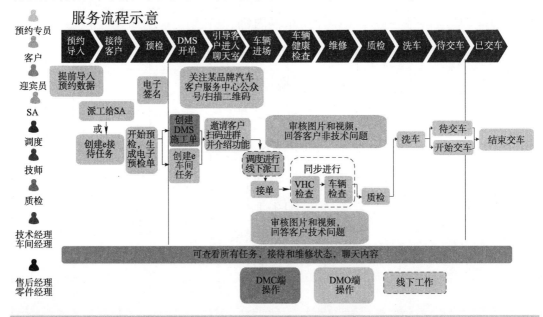

图2-7　接车App流程介绍

学习任务二 汽车维修接待基本流程

DMO

 上门取送　　 预约维护　　 优惠核对　　 e车间

 售后活动　　 e接待

我的消息 　　　　　　　　　　　　　　更多 >

维护预约　待确认　　　　2021-03-22　14:56:01
取车时间：

上门取车　待确认　　　　2021-03-22　14:29:24
取车时间：2021-03-22　14:29:24

维护预约　待确认　　　　2021-03-22　13:04:36
取车时间：

图 2-8　某品牌接车 App

新型的 APP 接待方式对于汽车维修接待员和车间都有很多好处。
（1）对于汽车维修接待员：
①减少迎宾员或汽车维修接待员手工录入信息的时间；
②汽车维修接待员闲/忙时状态显示，方便派工；
③所有接待车辆目前状态显示；
④超时接待主管会有提醒；
⑤外观拍照避免纠纷；

⑥小钣喷线索收集；

⑦报表功能节约人工统计。

（2）对于车间：

①所有接待车辆目前状态显示；

②节约沟通时间，提高效率；

③监控车间工作状况；

④方便客户对于车辆维修进度的询问；

⑤打消客户对于是否换件的疑虑；

⑥随时沟通客户的任何问题；

⑦建立客户与技师沟通的渠道；

⑧提高汽车维修接待员开口率。

(二) 接车检查用具的准备

接车检查的用具主要用于维修接待前接车阶段的车辆基本检查，包括有车内四件套、白色手套、手电筒、座椅记忆贴、机油纸、夹板、笔等用具。

为维护客户车辆及车内清洁，准备好座椅防尘套、转向盘防尘套、挡杆套和脚垫等保护措施（简称防护四件套），如图2-9所示。

图2-9　防护四件套

①白色手套。白色手套在检查汽车中各类油液是否泄漏或者检查车辆精致配饰及解除车内贵重物品时使用。如图2-10所示。

②手电筒。当照明条件不佳时或者在车辆底盘检查过程中,手电筒可以帮助业务接待人员清晰地观察车辆实际情况,保障车辆预检细致。

③座椅记忆贴。用于客户座椅位置的记录,以便在维修完后为客户恢复最舒适的位置。

图2-10 白手套

④机油纸。在为客户预检车辆时,检查机油时所需要用到的纸张。

⑤夹板、笔。夹板和笔用于记录客户车辆情况,记录客户描述的作用。

(三) 人员的准备

1. 维修接待员的准备

(1) 了解次日分配给自己的预约客户;

(2) 确定预约客户信息;

(3) 提前1天准备好接待前的工具及表单(环车检查单、车辆防护用品);

(4) 逾时15min再次进行预约到店确认;

(5) 提前5min服务接待区门前迎接客户。

2. 预约专员的准备

(1) 提前两天调整制订出最终的预约计划表;

(2) 提前1天准备好预约欢迎看板;

(3) 提前1天将预约计划表传递给迎宾员;

(4) 提前24h与客户进行预约提示确认;

(5) 提前1h与客户进行预约提示确认。

3. 车间经理的准备

(1) 提前1天指定维修技师;

(2) 确认专用工具、工位到位;

(3) 备件经理及备件管理员;

(4) 保证库存的零件充足;

(5) 提前1天准备好预约备件并放置于专用货位。

(四)接待前的准备流程

1. 接待前的准备工作流程

接待前的准备流程如图 2-11 所示。

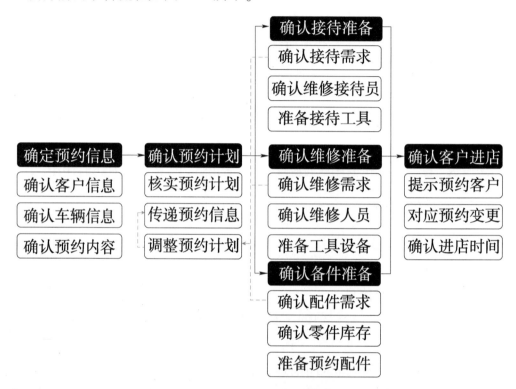

图 2-11　接待前准备流程

1)确定预约信息

预约专员查看本店运营管理系统或预约记录单中记录的预约信息。

(1)确认预约客户的信息:①送修客户的姓名、邮寄地址、联系电话;②了解客户的性格类型、喜好的饮料、休闲的方式等。

(2)确认客户车辆的信息:车牌号码、车辆识别码、发动机号码、质量保证期、车辆型号、车身颜色等必要信息。

(3)确认客户预约的信息:①确认在客户预约时提出的需求;②确认在客户预约时与客户沟通的服务项目;③确认客户预约的服务项目所估算的服务时间;④确认客户预约的服务项目所涉及的零件和工时费用。

2)确认预约计划

(1)在客户预约进店日的前 3 天。预约专员根据已经核实的本店运营管理系统或预约记录单中记录的预约信息,制定客户预约进店日的预约计划,制作初期的预约计划表,将计划表中记录的预约信息传递给服务经理、车间主管、零件主管。

(2)需要传递的预约信息。包括预约客户的信息、客户车辆的信息、预约的服务内容、预约需要的零件、已经告知客户的内容。

3)确认接待准备

服务经理查看并确认本店运营管理系统或预约计划表中记录的预约信息。核对预约客户的信息、客户车辆的信息、客户预约的服务信息(服务项目、估算费用、预计时间等)。

(1)在客户预约进店日的前3天准备。服务经理将指定的负责接待预约客户的维修接待员的名单告知预约专员。

(2)在客户预约进店日的前1天准备。查看本店运营管理系统或预约计划表中记录的预约信息,确认客户预约进店日的最终预约计划;查看在客户预约进店日中所有服务顾问的出勤计划,指定预约客户的维修接待员(如客户有熟悉的维修接待员应尽量安排);查看在客户预约进店日中所涉及的客户接待区的情况;查看服务防护用品的摆放和储存情况,需要防护的部位包括转向盘、座椅、脚垫、换挡把手、驻车制动(必要时);查看环车检查单的摆放和存储情况,维修接待员提前将预约进店的客户的信息记录在环车检查单中。

4)确认维修准备

(1)在客户预约进店日的前3天准备。车间主管在接到预约计划表后查看并确认特约店运营管理系统或预约计划表中记录的预约信息,利用客户关系管理系统查看客户的服务履历,详细浏览客户车辆曾经维修的项目和故障原因,对于有投诉记录的客户,查看预约计划表中标注的注意事项,属于返修客户,必须优先安排,对于临近车辆质量保证期结束的客户,应该重点关注。

(2)在客户预约进店日的前一天准备。查看本店运营管理系统或预约计划表中的预约信息,确认客户预约进店日的最终预约计划;查看在客户预约进店日中所有维修技师的出勤计划;查看在客户预约进店日中用于预约的维修工位的情况;查看在客户预约进店日中所涉及的维修设备和工具的状态,查看维修设备和工具的维护记录。

5)确认备件供应

该项工作在客户预约进店日的前三天准备。

维护类和消耗类零件的库存充足从保证实时出库,零件部门根据零件订购政策来保证库存的零件充足。接到预约专员传递的预约信息,提前准备预约服务所需的维护类和消耗类零件,并存放在专用的区域内。如果维护类和消耗类零件的库存短缺,应该执行紧急订购并且保证在客户预约进店前到货。

零件部门应该建立零件的安全库存,如果发生零件供应异常,零件部门根据零件订购政策,执行零件紧急订货,最大限度满足服务需求,零件到货后,进行相关的质量检查,零件不能按时到货,及时通知预约专员与客户联系,调整预约计划,零件主管接到预约计划表后核对预约客户、车辆及服务信息。

6）调整预约计划

（1）在客户预约进店日的前两天。预约专员再次核实特约店运营管理系统或预约计划表记录的预约信息,调整客户预约进店日的预约计划,制作最终的预约计划表。

（2）在客户预约进店日的前一天。

维修接待员、接待主管、车间主管、零件主管针对预约信息进行必要的准备。

预约专员在距离预约时间前24h时再次提示客户进店,预约专员下班前更新预约看板,并将最终的预约计划表传递到迎宾员手中。

（3）客户预约进店日。预约专员在距离预约时间1h时提示客户进店,准备迎接客户进店。

7）确认客户进店

（1）在客户预约进店日的前一天。维修接待员、接待主管、车间主管、零件主管针对预约信息已经进行了必要的准备,预约专员按照客户首选的联系方式和联系时间在距离预约时间前24h时再次提示已经记录的预约客户进店。

（2）在客户预约进店日。

预约专员按照客户首选的联系方式和联系时间在距离预约时间1h时提示已经记录的预约客户进店,预约专员在距离预约时间1h时提示客户进店,并提前5min在服务接待区门前迎接客户,如果超过预约进店时间,而预约客户仍然没有进店,由维修接待员采用电话的方式直接联系预约客户,主动告知预约维修工位将继续保留15min,15min后,客户车辆可以使用非预约维修工位或者重新选择其他预约时间(客户原预约进店日除外)。

二、任务实施

（一）任务目标

（1）能够知道接待前所需要准备的材料；

学习任务二 汽车维修接待基本流程

(2)认识接车单的作用;

(3)能够正确选取和使用接车检查的相关工具;

(4)能根据准备流程进行接待前的工作准备。

(二)准备工作

(1)学生分组(4~5人一组),明确组内分工及职责。

(2)为了帮助你更好地完成实战演练任务,准备了以下工具设备、耗材以及表单资料(表2-8),请根据任务需要进行选择。

准备清单列表　　　　　　　　　　　　　表2-8

工具、设备名称	图 示	作 用
夹板、笔、名片、白手套		体现维修接待员的专业性,便于更好地向客户提供接待服务
车辆防护用品座椅记忆贴机油纸		保证客户车辆的干净整洁; 维护完毕后恢复座椅位置; 检查发动机机油
接车单据		查看学生能否正确准备任务

(三)工作内容

作为一名优秀的维修接待员,请为白女士到店前做好接待前的准备工作,并完成接待前准备工作表(表2-9)。

接待前准备工作表　　　　　　表2-9

项目名称	应 做 事 项	准 备 物 品
确认客户信息		
人员准备		
客户进店前三天		
客户进店前两天		
客户进店前一天		
客户进店当天		

1. 实施标准

(1)能够正确地准备接待时需要用到的物料;

(2)能够准确地核对客户相关信息;

(3)明确知道接待前需要准备的人员有哪些;

(4)能够按照接待前的准备流程进行准备工作。

2. 注意事项

(1)不要漏项少项的准备资料,确保各个环节都准备到位;

(2)在填写过程中注意排版美观,填写完整。

三、评价反馈

1. 自我评价

(1)对本学习任务的学习,你自己满意吗?

(2)你能完整说出接待前要准备的物料清单吗?

(3)你能准确地核对客户相关信息吗?

(4)你能明确知道接待前需要准备的人员有哪些吗?

_____

(5)你能按照流程及要求独立完成接待前的准备工作吗?

_____

2. 小组互评

(1)小组在接到任务之后是否组内讨论如何完成任务?

_____

(2)小组在完成任务过程中有明确的分工吗?

_____

(3)小组在完成任务过程中组员都积极参与、相互配合吗?

_____

(4)小组在完成任务过程中注重沟通与协调吗?

_____

(5)小组成员在规定时间内按要求完成任务了吗?

_____

3. 教师评价

(1)小组综合表现:_____

(2)优势:_____

(3)待提升之处:_____

四、学习拓展

某汽车4S店对客户进行维修接待前的准备工作案例。

(1)客户:王凯。

(2)车型:北京现代i30。

(3)行驶:1.2万km。

(4)车辆情况:客户网络预约,80km以上时速。转向盘抖动(近期刚参加完场地赛)。

(5)进厂时间:明日下午2点进厂检查。

车辆性能导向型客户此环节的要点:客户了解其他预约方式,即短信、电话、电子邮件、互联网;客户了解可供选择的服务接待方式和区别;维修所需要的资源已经调度妥当;预防性维修与建议的重要性。

客户到店前的具体流程和内容如图2-12所示。

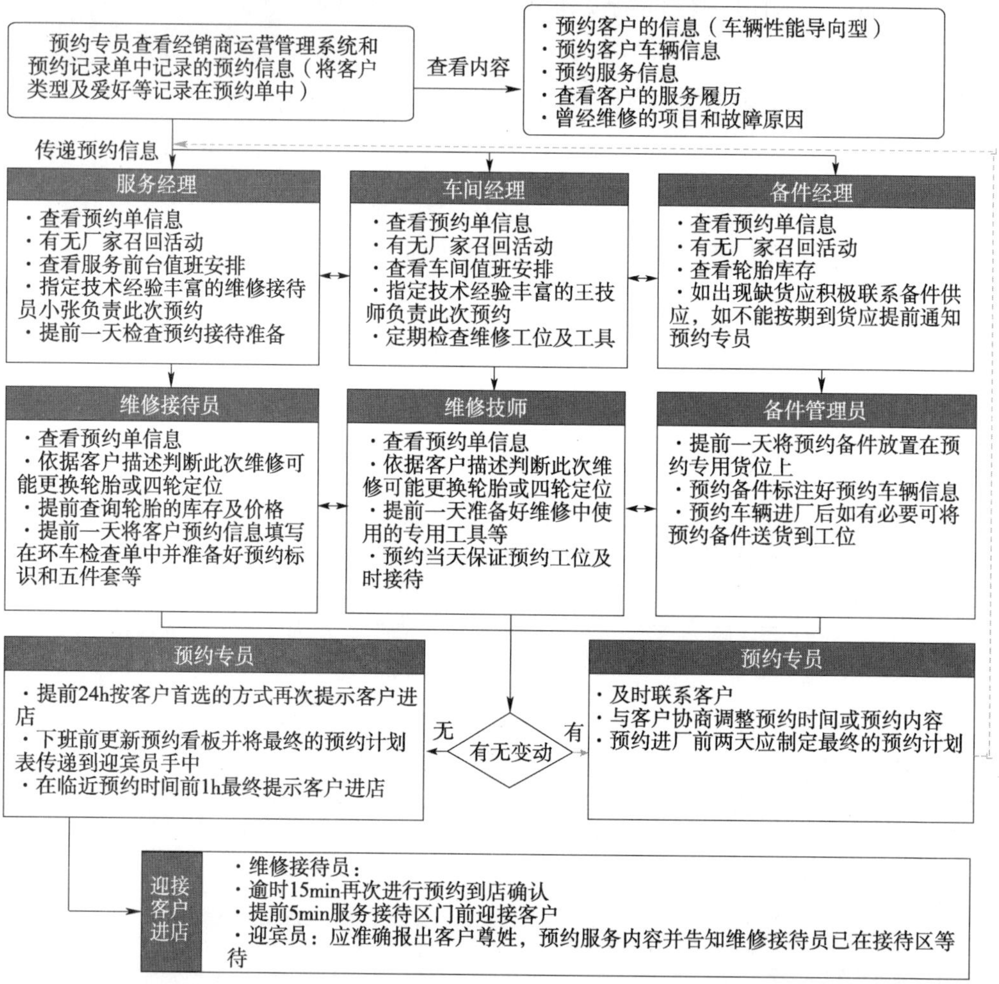

```
┌─────────────────────────────────────┐      ·预约客户的信息（车辆性能导向型）
│预约专员查看经销商运营管理系统和     │      ·预约客户车辆信息
│预约记录单中记录的预约信息（将客户   │─查看内容→·预约服务信息
│类型及爱好等记录在预约单中）         │      ·查看客户的服务履历
└─────────────────────────────────────┘      ·曾经维修的项目和故障原因
        │传递预约信息
```

服务经理	车间经理	备件经理
·查看预约单信息 ·有无厂家召回活动 ·查看服务前台值班安排 ·指定技术经验丰富的维修接待员小张负责此次预约 ·提前一天检查预约接待准备	·查看预约单信息 ·有无厂家召回活动 ·查看车间值班安排 ·指定技术经验丰富的王技师负责此次预约 ·定期检查维修工位及工具	·查看预约单信息 ·有无厂家召回活动 ·查看轮胎库存 ·如出现缺货应积极联系备件供应，如不能按期到货应提前通知预约专员

维修接待员	维修技师	备件管理员
·查看预约单信息 ·依据客户描述判断此次维修可能更换轮胎或四轮定位 ·提前查询轮胎的库存及价格 ·提前一天将客户预约信息填写在环车检查单中并准备好预约标识和五件套等	·查看预约单信息 ·依据客户描述判断此次维修可能更换轮胎或四轮定位 ·提前一天准备好维修中使用的专用工具 ·预约当天保证预约工位及时接待	·提前一天将预约备件放置在预约专用货位上 ·预约备件标注好预约车辆信息 ·预约车辆进厂后如有必要可将预约备件送货到工位

预约专员		预约专员
·提前24h按客户首选的方式再次提示客户进店 ·下班前更新预约看板并将最终的预约计划表传递到迎宾员手中 ·在临近预约时间前1h最终提示客户进店	无←有无变动→有	·及时联系客户 ·与客户协商调整预约时间或预约内容 ·预约进厂前两天应制定最终的预约计划

迎接客户进店	·维修接待员： ·逾时15min再次进行预约到店确认 ·提前5min服务接待区门前迎接客户 ·迎宾员：应准确报出客户尊姓，预约服务内容并告知维修接待员已在接待区等待

图2-12 客户到店前的流程

子任务3 互动式接待

学习目标

完成本学习任务后,你应该：

1. 能够完成到店维修客户的车辆预检和初诊,完成互动式接待工作；
2. 能够在接待遇见过程中挖掘客户需求,并给出专业的建议；
3. 能够针对客户异议进行问诊及处理。

学习任务二　汽车维修接待基本流程

> **学习内容**
> 1. 互动式预检流程及要求；
> 2. 车辆问诊步骤和技巧；
> 3. 客户需求分析及增项推荐。
>
> **建议学时：12 学时**

任务描述

白女士按照电话预约的时间驾车到店进行车辆维护。你了解到,白女士此次到店除了进行维护车辆外,还希望解决车辆偶尔出现的方向跑偏问题。作为一名专业的维修接待员,你将如何完成白女士到店后的维修接待工作呢?

任务分析

要顺利完成客户到店接待工作,你需要为白女士的车辆进行内饰及外观的预检,发现车辆存在的问题并建议客户维修。同时,针对白女士提出的问题进行问诊,对故障原因进行初步判断,并根据白女士的用车打算进行需求分析,挖掘白女士的需求并给出专业的建议及增项推荐,按照互动式接待流程完成客户到店接待中的车辆预检及初诊工作。

一、知识准备

(一)认识互动式接待

对汽车维修企业而言,与客户之间建立充分的信任感是提供满意服务的重要前提。国内的综合维修企业维修车型较多、客户群较复杂、客户的专业知识有限,因此如何与客户之间更好地建立信任感是汽车维修企业面临的主要问题之一。

维修业务接待是汽车维修企业的对外窗口,也是客户与车间作业沟通的桥梁。维修接待员既要有关于车辆的专业知识和销售业务知识,又需要具有一定的应变能力和沟通技巧来应对随时变化的情况和提高接待的质量,以达到更好的经济效益。互动式接待是维修接待员工作能力的体现,需要经过长期的经验积累。

1. 互动式接待的含义

互动式接待(图 2-13)是指客户驾车到店进入接待区域时,由专业且训练有素的维修接待员和客户一起对其爱车进行全面的预检及初诊,整个过程中维修接待员与客户是互动的。一方面要充分了解、确认客户此次来访的需求,另一方面要查找客户尚未留意的故障或隐患。

图 2-13　互动式接待

2. 互动式接待的作用

互动式接待是服务行业实现现代化管理中不可或缺的步骤,维修接待员的设立,体现了企业经营理念的转变和管理的日臻完善。互动式接待有效地将维修服务过程中各环节联系起来,细化分工、明确职责、提高工作效率。此外还能协调客户利益与企业利益使之基本平衡,增加双方的信任感,凝聚客户,提高企业的经济效益和社会效益。具体作用如下。

(1)了解客户到店的需求,使客户得到尊重,需求得以确认及满足。

(2)发现客户可能没有留意到的故障和隐患,避免不必要的事后纠纷。

(3)与客户产生更多的互动交流,创造更多的营销机会。

(4)建立经销商、维修接待员与客户间的良好关系和相互信任。

3. 互动式接待流程

客户到店维修维护车辆时,都有一个正规的车旁接待的规范服务流程,不同的汽车维修企业,对服务流程的要求不尽相同。互动式接待流程(图 2-14)一般为:礼迎客户、车辆预检、车辆问诊、客户需求分析、增项推荐五大环节。

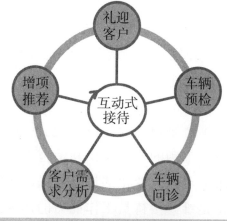

图 2-14　互动式接待流程

学习任务二　汽车维修接待基本流程

> **小贴士**
>
> 互动式接待要求维修接待员不断提升沟通能力和人际交往能力。工作中的沟通，对于一个公司来说非常重要。上级关心员工，善于听取员工的意见和建议，充分发挥其聪明才智与积极性，可以提高员工的工作效率和成绩。部门和部门之间的互通，可以迅速地传递各种信息，增进配合默契。同事之间的沟通，可以增进信息的共享，吸取不同的经验和教训。维修接待员与客户之间的沟通，可以更好地服务于客户，提升客户满意度。善于高效准确的沟通，能进一步保证对沟通对象有一个正确的认知，有了正确的认知，才能完善人际交往的能力，这也是服务顾问应具备的能力。

(二) 礼迎客户

1. 礼迎客户工作的重要性

客户如约来到汽车维修企业维护或修理车辆时，发现一切工作准备就绪，维修接待员正在欢迎他的光临，这会使其愉快，也是客户又一次对维修企业建立良好信任的开端，因此礼迎客户（图2-15）尤为重要。

客户进店时，服务顾问热情相迎，会使客户对企业印象良好，并初步建立信任感。这就要求维修接待员具有良好的形象和礼仪，并善于与客户进行有效的沟通，体现出对客户的关注与尊重以及其高水平的业务素质。

图2-15　礼迎客户

2. 礼迎客户工作的流程

礼迎客户的流程与要求见表2-10。

礼　迎　客　户　　　　表2-10

流　程		具 体 要 求	注 意 事 项
及时接待		维修接待员（或专门的迎客人员）按要求穿着整齐的工作服，站在业务接待厅门口迎接客户，保证能及时接待	如遇客户流量饱和时，引导客户在休息区域休息，安抚客户情绪，并实时关注客户状况，及时安排等待区域的客户就位

续上表

流　　程		具体要求	注意事项
主动问好		客户到店,维修接待员应立即起身迎接,面带微笑地主动向客户问好,严格遵照标准礼仪规范执行	如遇客户流量饱和时,引导客户在休息区域休息,安抚客户情绪,并实时关注客户状况,及时安排等待区域的客户就位
引导停车		引导客户在指定区域停车,帮客户开车门,礼貌地请客户下车,与客户寒暄,并适当赞美客户	
核对信息		通过核对车牌确认预约客户及客户来意,尊敬称呼客户姓氏,以示热情、亲切。对于未预约的客户,应在表示真诚欢迎后,立刻开始服务,以示对其的重视	

续上表

流　程		具体要求	注意事项
自我介绍		向客户递送名片并做自我介绍，适当推销自己及企业	如遇客户流量饱和时，引导客户在休息区域休息，安抚客户情绪，并实时关注客户状况，及时安排等待区域的客户就位
贵重物品提醒		提醒客户保管好车上的贵重物品（如笔记本电脑、手机、现金等），尽量随身携带	
收取资料		向客户收取车钥匙、驾驶证和维护手册等（代为保管）	

（三）车辆预检

1. 车辆预检的含义

车辆预检也称环车检查。为确认客户所需的维修项目是否有遗漏以及车辆入厂时的状况，在车辆进入维修车间前，维修接待员应建议并邀请客户一同进行车辆预检。这样不仅可以拉近客户与维修企业的距离，还可以体现维修企业的热忱和细心，避免在客户取车时产生不必要的误会和纠纷。同时可以根据环车检查的结果向客户建议必要的维修项目，促进维修业务的展开、增加维修企业的收益。

车辆预检主要包含车辆内饰检查和外观检查。通过检查，一方面可以使维修企业免受不应有的赔偿，如车辆外观漆面的刮痕、凹陷，贵重物品及随车工具等的丢失或损坏；另一方面可以帮助客户发现潜在的故障或隐患，如刮水器的磨损或老化、轮胎或制动片的磨损、车辆油水液的缺失等。

2. 车辆内饰检查流程(图2-16)

图2-16 车辆内饰检查

小贴士

为了保证客户车辆的干净整洁,在进入客户车辆前,应铺上防护用品(包含脚垫、座椅套、转向盘套等)。同时,为了在维修完毕后将车辆的座椅调回原来的位置,应贴上座椅记忆贴。为保证客户利益,维修接待员应邀请客户进入车辆一同进行车辆内饰检查。维修接待员先引导客户进入车辆副驾驶位置入座,自己在征得客户同意后进入主驾驶位置落座。

内饰检查的流程与要求见表2-11。

车辆内饰检查　　　　　　　　　　　　　　　　表2-11

流　　程	具体要求	注意事项
记录仪表盘信息	插入车钥匙,调至运行挡,记录仪表盘信息,如行驶里程,剩余油量等	①邀请客户一同检查内饰,检查结果及时与客户确认; ②由于储物空间较为隐私,需询问客户是否方便,征得客户同意后方可打开检查;
查看故障灯信息	查看车辆仪表盘有无故障灯点亮并记录	
检查车内部件	检查座椅调节、车窗升降、外后视镜调节器、空调及暖风系统,冷风暖风效果、中央显示大屏、遮阳板、化妆镜、天窗开闭、内后视镜等	

续上表

流　　程		具体要求	注意事项
检查储物空间		检查中央扶手箱以及储物箱有无贵重物品遗留	③灯光系统检查时可邀请客户下车配合查看或在专门的灯光检查区域进行
检查灯光系统		检查车辆灯光系统，可建议客户于车前方查看，主要检查示宽灯、近光灯、远光灯、闪光灯、转向灯等	

3. 外观检查流程

（1）车辆外观检查顺序。对即将进入车间维修的车辆进行车辆外观的环车检查，从避免交车时产生纠纷，并且发现故障或隐患，从而进行增项推荐。车辆外观检查的顺序（图2-17）一般为：左前方—正前方（含发动机舱）—右前方—右后方—正后方（含后备箱内）—左后方。

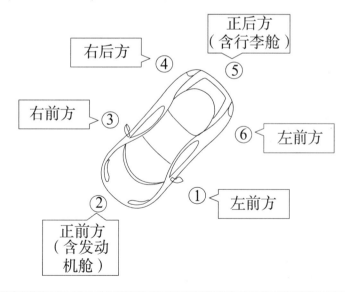

图2-17　车辆外观检查顺序

（2）车辆外观检查流程。车辆外观检查流程和要求见表2-12。

车辆外观检查　　　　　表2-12

流程		具体要求	注意事项
左前方		①检查储物空间是否有贵重物品遗留，车门开闭、车窗升降、安全带锁扣等是否正常； ②检查左前门、左前倒车镜、左前翼子板表面油漆是否有刮伤、凹陷、色差、飞漆、流挂等现象； ③检查左前轮胎是否有不规则磨损及裂纹，轮毂是否有变形，气门嘴帽及轮毂饰盖等是否有缺失； ④检查刮水片表面是否平整、刮水臂和刮水片有无损坏或变形	①车辆外观检查从主驾驶侧开始顺时针检查； ②全程与客户一同检查，及时记录问题并向客户反馈； ③检查过程中及时解答客户疑问，消除顾虑； ④检查过程中注意礼仪规范
正前方（含发动机舱）		①检查前风窗玻璃表面是否平整，有无开裂、划伤、爆眼等，玻璃密封条是否牢固，有无开裂、变形或翘起等； ②检查发动机舱盖表面油漆是否有刮伤、凹陷等现象； ③检查进气格栅是否有松动或破损； ④检查前保险杠表面油漆是否有刮伤、凹陷等； ⑤检查前照灯表面有无裂痕、破损，与保险杠之间的配合间隙是否均匀；	

续上表

流程		具体要求	注意事项
正前方（含发动机舱）		⑥打开发动机舱盖，检查风窗玻璃清洗液、制动液、冷却液、转向助力油及制动油液等是否处于正常液位； ⑦检查蓄电池有无松动，外壳有无破损等现象； ⑧抽出机油尺，检查机油液位及状况	①车辆外观检查从主驾驶侧开始顺时针检查； ②全程与客户一同检查，及时记录问题并向客户反馈； ③检查过程中及时解答客户疑问，消除顾虑； ④检查过程中注意礼仪规范
右前方		①检查储物空间是否有贵重物品遗留，车门开闭、车窗升降、安全带锁扣等是否正常； ②检查右前门、右前倒车镜、右前翼子板表面油漆是否有刮伤、凹陷、色差、飞漆、流挂等现象； ③检查右前轮胎是否有不规则磨损及裂纹，轮毂是否有变形，气门嘴帽及轮毂饰盖等是否有缺失	
右后方		①检查储物空间是否有贵重物品遗留，车门开闭、车窗升降、安全带锁扣等是否正常； ②检查右后门、右后翼子板表面油漆是否有刮伤、凹陷、色差、飞漆、流挂等现象； ③检查右后轮胎是否有不规则磨损及裂纹，磨损程度，轮毂是否有变形，气门嘴帽及轮毂饰盖等是否有缺失； ④检查汽车加注口外盖板、内盖有无破损等现象	

续上表

流　程		具体要求	注意事项
正后方（含后备箱内）		①检查后风窗玻璃表面是否平整,有无开裂、划伤、爆眼等,玻璃密封条是否牢固,有无开裂、变形或翘起等; ②检查行李舱盖表面油漆是否有刮伤、凹陷等现象; ③检查后保险杠表面油漆是否有刮伤、凹陷等; ④检查灯具表面有无裂痕、破损,与保险杠配合间隙是否均匀; ⑤打开行李舱盖,检查随车工具、三角警示架、备胎、千斤顶、拖车挂钩等是否齐全,是否配备灭火器	①车辆外观检查从主驾驶侧开始顺时针检查; ②全程与客户一同检查,及时记录问题并向客户反馈; ③检查过程中及时解答客户疑问,消除顾虑; ④检查过程中注意礼仪规范
左后方		①检查储物空间是否有贵重物品遗留,车门开闭、车窗升降、安全带锁扣等是否正常; ②检查左后门、左后翼子板表面油漆是否有刮伤、凹陷、色差、飞漆、流挂等现象; ③检查左后轮胎是否有不规则磨损及裂纹、磨损程度,轮毂是否变形,气门嘴帽及轮毂饰盖等是否有缺失	

学习任务二 汽车维修接待基本流程

小贴士

为体现企业专业、周到的售后服务,规范车辆预检流程,提高客户满意度,为企业带来持续提高的利润,在车辆预检过程中要完成车辆预检单(表2-13)的填写,如实记录检查信息,并在预检完毕后请客户确认。

车 辆 预 检 单　　　　　　　　　　　　表2-13

车牌号		车主		燃油量	
联系电话		行驶里程		日期	
车辆清洗　是□ 否□ 维护手册　有□ 无□			旧件返还　是□ 否□ 贵重物品　有□ 无□		
用户需求					
车身及油漆检查		内部检查	正常	异常	建议操作
//划痕　○凹陷　X车身损伤		仪表盘照明信息			
		内部照明			
		风窗玻璃			
		刮水片			
		玻璃清洗液			
		车辆内饰			
		车窗升降			
		后视镜调节			
		外部检查	正常	异常	建议操作
		油、水、液			
		机油			
		随车工具			
		三角警示架			
		备胎			
		千斤顶			

续上表

车身及油漆检查		内部检查	正常	异常	建议操作
检查轮胎		轮胎磨损			
左前轮花纹 ___mm	右前轮花纹 ___mm	轮胎花纹			
		轮胎损伤			
左后轮花纹 ___mm	右后轮花纹 ___mm	前制动片			
		后制动片			
维修建议					
个人设置是否复原：收音机　空调　座椅　是□　否□					
客户签字			服务顾问签字		
付款方式：现金□　支票□　刷卡□　转账□　微信□　支付宝□					

(四) 车辆问诊

1. 车辆问诊的含义

车辆问诊(图2-18)指客户发现车辆存在的故障，或维修接待员在适当时候询问客户车辆使用过程中存在的问题，通过引导性问题与客户进行交流，准确了解客户反映的故障现象。并运用自身的专业知识对故障进行初步诊断，判断出可能导致客户反映的故障现象的原因以及症状的严重程度，以便后续派工过程的展开。

图2-18　车辆问诊

2. 车辆问诊的重要性

车辆问诊是维修接待员的一项重要的工作,是将问题细化的过程,客户只能从车辆使用中的异常判断车辆可能出现故障,而无法判断是何故障以及发生故障的原因。其能正确指引派工的方向,引导维修技师执行维修的方向。同时,帮助客户发现车辆可能存在的故障或隐患。

3. 车辆问诊的作用

车辆问诊的作用如下。

(1) 问诊可帮助维修接待员发现客户车辆问题所在,避免浪费时间以及反复与客户、车间维修人员沟通。

(2) 与客户进行良好沟通与交流,让客户清楚某项维修服务的原因。

(3) 了解客户对于维修时间、维修项目、维修价格的接受程度。

(4) 判断可能出现的故障,根据故障难度安排维修技师。

(5) 对故障进行初步诊断,减少维修时间,提高工作效率,防止车辆再次返修,车辆问诊是维修服务专业化的体现。

4. 车辆问诊的步骤

车辆问诊包含"望、闻、问、切"四个步骤,具体步骤如下。

(1) 望。观察车辆的外观、是否漏油、漏水、各种零部件是否有异常等。

(2) 闻。闻(嗅觉):即发现车辆是否有异味,如焦煳味、汽油味等;闻(听觉):仔细认真地倾听客户对故障现象的描述。

(3) 问。通过运用合理的问诊技巧引导客户详细地描述故障现象,如故障出现频率、发生状态等。

(4) 切。运用自身专业知识,或利用诊断仪、电脑检测、数据分析等初步诊断出故障原因、确定维修项目。

5. 问诊的技巧

在车辆问诊中,常用的技巧是"5W2H问诊法",也称作"七何问诊法"。其简单方便,易于理解使用,被广泛应用于问诊工作中,并且有助于弥补考虑问题的疏漏,发现解决问题的线索,从而提高问题解决的效率。

"5W2H问诊法"是用5个以"W"开头的英语单词和2个以"H"开头的英语单词进行询问,寻找故障情况。具体内容如下:

(1) 何时(When)。

它是指间歇性故障发生的时间,包括季节、时间早晚等。

(2)何地(Where)。

它是指间歇性故障发生的地点,如国道、高速公路、市内公路等。

(3)何人(Who)。

它是指间歇性故障发生时的驾驶人员,即是谁在驾驶车辆。

(4)什么(What)。

它是指间歇性故障发生时的详细情况,主要内容包括:哪个系统发生了什么故障,当时发动机、变速器、仪表指示灯、灯光、空调、音响及其他功能等的状态。

(5)为什么(Why)。

它是指间歇性故障发生原因咨询,问题发生前车辆有没有发生过其他故障或做过维修维护、改装或事故等。

(6)怎样(How)。

它是指怎么发生的,客户是否有简单的感觉判断,发生时有没有其他伴随现象,如下雨、特殊路面、特殊地区等。

(7)频率(How much)。

它是指间歇性故障发生的频率,到目前为止发生了多少次。

在车辆问诊时,我们需灵活运用"5W2H 问诊法",使用车辆问诊表(表 2-14)填写客户信息,记录,客户反映的问题及故障现象的描述这将有助于我们初步判断出故障原因。

车 辆 问 诊 表   表 2-14

客户姓名		车牌号/车型	
当前里程		VIN 码	
故障现象			
客户描述(原话)			
5W2H 问诊要素	问诊内容		
何时(When)			
何地(Where)			
何人(Who)			
什么(What)			
为什么(Why)			
怎样(How)			
频率(How much)			
初步诊断			

小贴士

以客户反映车辆行驶时有顿挫感为例,运用"5W2H问诊法",维修接待员可以询问客户故障发生的时间;故障发生时的路况、发动机的温度、使用的燃油品质;近期维护情况;档位状况;故障发生时的车速、发动机转速以及出现顿挫感的频率等,引导客户详细描述故障现象及状况,帮助维修接待员诊断故障原因。

(五)客户需求分析

1. 客户需求分析的作用

互动式接待中的客户需求分析是指通过与客户沟通,了解不同客户的不同需求,设身处地为客户着想。同时根据需求分析结果有针对性地为客户提出建议,用产品和服务满足客户需求,让客户满意。同时为增项推荐埋下伏笔,增加维修企业收益。

2. 客户需求分析的步骤

需求分析一般包含四个步骤(图2-19),每个步骤具体要点如下。

(1)获取客户需求。通过车辆预检发现车辆本身存在的故障或缺陷,挖掘客户需求。与客户进行沟通,询问客户,或通过车辆问诊了解客户需求。

(2)分析客户需求。了解到客户需求后,与客户一起进行分析,为客户提供专业的建议或解决方案,同时根据客户的需求建议其增加维修项目。

(3)确认客户需求。为客户详细介绍解决方案或建议增加项目的预计维修时间、维修价格等,让客户确认是否需要。

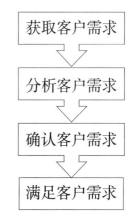

图2-19 需求分析步骤

(4)满足客户需求。提供增值产品或项目满足客户需求以及专业的服务,让客户满意,同时增加维修企业收益。

(六)增项推荐

1. 增项推荐的作用

增项推荐是维修接待员进行服务产品营销的重要环节。处理好增项有助于提高企业运营效率、提升企业收益。需要注意的是,在增项推荐时,一定要对项目进行简介并预估时间及价格,并请客户在增项单上确认签字,以免在客户结算时出现不必要的纠纷。

2. 增项的类别

增项的类别一般分为维修增项、精品增项、特色服务增项3类。

(1)维修增项(图2-20)。维修增项有以下3种:①在车辆预检过程中,发现车辆缺陷,建议增补或修复的项目;②根据问诊情况,专业地推荐维修服务增项;③在车辆维修过程中,车间维修技师发现的需要维修的项目,或推荐的深度维护项目(如节气门积炭清洗、制动系统深度维护等)。

图2-20　维修增项

(2)精品增项(图2-21)。精品增项包含汽车内饰用品(如脚垫、座套、挂饰、香水等)、外饰用品(如晴雨挡、挡泥板、尾灯框、汽车贴纸等)、电子产品(如DVD导航、车载GPS、音响等)、美容用品(如真皮护理、抛光打蜡、车内加香等)、养护用品(如除锈剂、燃油添加剂、玻璃清洗剂等)、安全用品(如防盗器、行车记录仪、灭火器、疲劳驾驶预警器等)。

图2-21　精品增项

(3)特色服务增项(图2-22)。特色服务增项一般是指维修企业在店内提供的特色收费项目,如汽车俱乐部会员卡、充值会员卡、VIP卡、终身维护卡等。

学习任务二　汽车维修接待基本流程

图 2-22　特色服务增项

二、任务实施

(一) 任务目标

(1) 能够按照车辆预检流程及要求,与客户一同对车辆进行预检,完成车辆内饰及外观检查;

(2) 能够运用"5W2H 问诊法"对客户车辆故障问诊,初步判断故障原因;

(3) 能够根据车辆预检结果,技师与客户沟通情况,给出专业的建议,并进行增项推荐;

(4) 能够为客户合理地解释,消除客户在价格等方面的异议,让客户满意;

(5) 能够结合客户实际情况,按照互动式接待流程及要求完成接待工作。

(二) 准备工作

(1) 学生分组(4~5 人一组),明确组内分工及职责。

(2) 为了更好地完成实战演练任务,准备了以下工具设备、耗材以及表单资料(表 2-15),请根据任务需要进行选择。

准备清单列表　　　　表 2-15

工具、设备名称	图　示	作　用
夹板、笔、名片、白手套		体现维修接待员的专业性,便于更好地为客户提供接待服务

续上表

工具、设备名称	图　　示	作　　用
车辆防护用品 座椅记忆贴 机油纸		保证客户车辆的干净整洁； 维护完毕后恢复座椅位置； 检查发动机机油
车辆预检单		记录客户及车辆信息，以及用于车辆内饰及外观检查时如实记录客户车辆情况
车辆问诊表		用于与客户沟通，进行车辆问诊，完整记录客户描述信息，便于对故障进行诊断
互动式接待评分表		明确任务要求、考核时间以及考核分值，便于客观地对任务完成情况进行评价考核

（三）工作内容

1. 邀请客户预检

邀请客户白女士与你共同进行车辆预检工作，完成车辆内饰及外观检查，并正确填写车辆预检单。

1）实施标准

（1）与白女士共同完成车辆预检工作；

（2）按照环车检查顺序及要求完成车辆预检工作；

（3）车辆内饰与外观检查项目准确无遗漏；

（4）能与白女士进行良好沟通，体现对客户的关注；

（5）能按照车辆预检单内容认真记录并正确完整地完成车辆预检单的填写，并请客户签字确认。

2）注意事项

（1）注意安全操作，特别是关闭车门、机舱盖、行李舱盖时；

（2）预检过程中注意礼仪规范，体现服务顾问专业性。

2. 对客户进行问诊

对于任务描述中白女士提到的车辆偶尔出现方向跑偏的问题，请你运用"5W2H问诊法"进行故障问诊，并填写车辆问诊表，初步判断出故障原因。

1）实施标准

（1）能与白女士进行良好沟通，充分了解其反映的故障现象；

（2）在问诊过程中合理运用"5W2H问诊法"；

（3）通过问诊初步判断故障原因；

（4）完整且正确地完成车辆问诊表的填写。

2）注意事项

（1）在记录故障现象时，需按照客户描述原话进行记录；

（2）在运用"5W2H问诊法"时，选择的问诊问题一定要是和故障相关的，能帮助判断故障原因，不要生搬硬套。

3. 互动式接待客户

能够运用所学知识，结合客户白女士的实际情况，按照互动式接待评分表（表2-16）的要求，完成互动式接待工作。

1）实施标准

（1）能完整地按照互动式接待流程完成对白女士的接待工作；

（2）在互动式接待过程中能体现良好的礼仪规范及专业性；

（3）能与客户进行良好有效的沟通，关注客户需求；

（4）互动式接待考核评分达到70分以上。

2）注意事项

（1）需按照互动式接待评分表顺序完成接待工作，不要出现漏项、跳项；

（2）接待过程中注意使用礼貌用语及专业术语。

互动式接待评分表 表2-16

评分要点	评分要求	时间要求	考核分值	考核得分
礼迎客户	客户到店，维修接待员应立即起身迎接，面带微笑地主动向客户问好，严格遵照标准礼仪规范执行	3min	3分	
	引导客户在指定区域停车，帮客户开车门，礼貌地请客户下车，与客户寒暄，并适当赞美客户，适当推销自己和企业		3分	
	问候客户，尊称客户姓氏，以示热情、亲切。递送名片并作自我介绍		3分	
	通过核对车牌确认预约客户及客户来意，对于未预约的客户，应在表示真诚欢迎之后，立刻开始服务，以示对其重视		3分	
	提醒客户保管好车上的贵重物品（如笔记本电脑、手机、现金等），尽量随身携带		3分	
	向客户收取车钥匙、驾驶证和维护手册等代为保管		3分	
车辆预检	按正确的顺序铺设防护用品，张贴座椅记忆贴，并向客户说明其作用，引导客户至副驾驶室一同检查内饰	13min	3分	
	内饰检查：检查驾驶室内主要项目，插入车钥匙，调至运行挡，记录仪表盘信息，如行驶里程，剩余油量等		3分	

续上表

	互动式接待			
评分要点	评分要求	时间要求	考核分值	考核得分
车辆预检	查看车辆仪表盘有无故障灯点亮并记录	13min	3分	
	检查座椅调节、车窗升降、外后视镜调节器、空调及暖风系统,冷风暖风效果、中央显示大屏、遮阳板、化妆镜、天窗开闭、内后视镜等		3分	
	检查中央扶手箱以及储物箱有无贵重物品遗留		3分	
	检查车辆灯光系统,可建议客户于车前方查看,主要检查示宽灯、近光灯、远光灯、闪光灯、转向灯等		3分	
	外观检查:按顺时针顺序检查左前方、正前方、发动机舱内部、右前方、右后方、正后方、行李舱内部、左后方		3分	
	左前方:检查储物空间、车门开闭、车窗升降、安全带锁扣、左前门、左前倒车镜、左前翼子板、左前轮胎、刮水器等		4分	
	正前方:检查前风窗玻璃、发动机舱盖、进气格栅、前保险杠、前照灯等		4分	
	发动机舱:打开发动机舱盖,检查雨刷水、制动液、冷却液、转向助力油及制动油液、蓄电池、机油液位及状况等		5分	
	右前方:检查储物空间、车门开闭、车窗升降、安全带锁扣、右前门、右前倒车镜、右前翼子板、右前轮胎等		4分	
	右后方:检查储物空间、车门开闭、车窗升降、安全带锁扣、右后门、右后翼子板、右后轮胎、汽车加注口外盖板、内盖等		4分	

续上表

评分要点	评分要求	时间要求	考核分值	考核得分
互动式接待				
车辆预检	正后方及后备箱内：检查后风窗玻璃、行李舱盖、后保险杠、灯具等；打开行李舱盖，检查随车工具、三角警示架、备胎、千斤顶、拖车挂钩等是否齐全，是否有配备灭火器	13min	5分	
	左后方：检查储物空间、车门开闭、车窗升降、安全带锁扣、左后门、左后翼子板、左后轮胎等		4分	
车辆问诊	发现车辆故障或缺陷，建议客户增补或修复	3min	3分	
	在适当时候询问客户车辆使用状况及存在问题，运用"5W2H问诊法"进行问诊并做好记录，初步判断故障原因		5分	
需求分析	环车检查时，在适当时候询问客户车辆维护维修后的使用打算，并做好记录	3min	3分	
	与客户进行良好沟通，分析客户需求，并给出专业且合理的建议		3分	
增项推荐	根据问诊情况，专业地推荐维修服务增项，并作项目简介和价格预估	3min	5分	
	根据用车打算，分析客户需求，专业地推荐精品服务增项，并作项目简介和价格预估		5分	
	挖掘潜在需求，提供专业建议，专业地推荐特色服务增项，并作项目简介和价格预估		5分	
确认签字	请客户确认所有项目及检查结果，并在预检单上签字		2分	
合计		25min	100分	

三、评价反馈

1. 自我评价

(1) 对本学习任务的学习,你自己满意吗?
_____

(2) 你能完整说出互动式接待的六大环节吗?
_____

(3) 你能按照流程及要求独立完成对客户的互动式接待工作吗?
_____

(4) 你能通过车辆问诊帮助客户分析判断故障原因吗?
_____

(5) 你能独立完成增项推荐工作吗?
_____

2. 小组评价

(1) 小组在接到任务之后组内讨论如何完成任务了吗?
_____

(2) 小组在完成任务过程中有明确的分工吗?
_____

(3) 小组在完成任务过程中组员都积极参与、相互配合吗?
_____

(4) 小组在完成任务过程中注重礼仪规范,并锻炼了沟通表达能力吗?
_____

(5) 小组成员在规定时间内按要求完成互动式接待工作了吗?
_____

3. 教师评价

(1) 小组综合表现:_____
(2) 优势:_____
(3) 待提升之处:_____

四、学习拓展

上汽荣威 EI6 相关维护项目如下。

1. 上汽荣威 EI6 常规维护项目(表2-17)

上汽荣威 EI6 常规维护项目表　　　　　表2-17

维护项目	间隔1万km/6个月（A类维护）	间隔2万km/12个月（B类维护）
更换空调滤清器滤芯		√
检查发动机进气歧管的状态		√
更换发动机空气滤清器滤芯		√
检查发动机安装支架		√
检查蒸发排放系统,如管路、炭罐等		√
检查驻车制动的功能,必要时进行系统自学习	√	√
检查车内外灯光、喇叭和系统警告显示功能	√	√
检查风窗玻璃表面、刮水器和风窗洗涤器的工作情况	√	√
检查安全带的状态和功能	√	√
检查空调各项控制功能	√	√
检查电动座椅的状态和功能	√	√
检查发动机盖铰链、行李舱盖扭杆及铰链、车门铰链、限位器等状况,必要时清理灰尘,重新加注油脂润滑	√	√
检查12V蓄电池的连接和状态	√	√
检查风窗洗涤液液位并视情况添加至标准液位	√	√
检查制动液、电驱动变速器油液液位并视情况添加至标准液位	√	√

续上表

维护项目	间隔1万 km/6个月（A类维护）	间隔2万 km/12个月（B类维护）
检查发动机、电驱动变速器、高压电池包冷却液的液位和浓度，缺少时需及时补充至标准液位	√	√
检查辅助传动皮带的状态	√	√
检查空调系统状态，如压缩机、制冷管路、冷凝器等，必要时清洁相关表面	√	√
检查制动真空助力器和软管的状态	√	√
检查高/低压线束是否有干涉、磨损或破损情况	√	√
检查发动机、电驱动变速器是否有漏油情况	√	√
检查发动机排气系统、支架和隔热保护装置状态	√	√
检查燃油管路的状态，是否有弯折或渗漏	√	√
检查前后制动衬块、制动盘的状态和厚度，必要时更换	√	√
检查制动管路状态	√	√
检查车轮轴承、传动轴护套	√	√
检查悬架和转向系统是否有泄漏、磨损情况	√	√
检查轮胎是否有损坏、不正常磨损和花纹深度。视情况检查四轮定位的数据	√	√
检查轮胎气压，必要时进行调整。前后车轮换位	√	√

续上表

维护项目	间隔1万km/6个月（A类维护）	间隔2万km/12个月（B类维护）
检查底盘和车身底部螺栓与螺母是否紧固或固定，必要时更换	√	√
检查冷却水管的卡扣安装的相应位置，确保可靠密封	√	√
检查高压电池包相关安装螺栓安装的标识是否发生移位，确保紧固	√	√
检查高压电池包外壳（包括托架）外观有无裂纹及变形	√	√
检查高/低压线束是否有干涉、磨损或破损情况	√	√
检查高压电池包接插件外观、安装可靠性、损坏及安装的到位情况	√	√
执行冷却系统压力测试和膨胀箱盖压力测试，检查冷却系统，如管路、散热器、冷却风扇等，必要时清洁表面	√	√
执行路试，检查发动机响应、电驱动变速器、制动、巡航和转向等系统的状态和功能	√	√
更换发动机机油和机油滤清器	√	√
用诊断仪检查高压电池包的均衡状态（BMS平衡状态），必要时进行均衡充电	√	√

续上表

维护项目	间隔1万km/6个月（A类维护）	间隔2万km/12个月（B类维护）
使用诊断仪根据规定复位维护间隔指示器,对配备智能维护提醒功能的车辆,在娱乐主机中对维护间隔进行复位。读取并清除故障代码并检测控制系统工作状态	√	√
查询新电控单元升级版本,如有提供新的版本及时升级	√	√

2.特殊项目

(1)辅助传动皮带:每隔3年或10万km更换(以先到达者为准);

(2)电驱动变速器油:每隔8万km更换;

(3)电驱动变速器:每隔2万km需进行同步器自学习;

(4)电驱动变速器蓄能器:建议每隔3年或8万km更换(以先到达者为准);

(5)制动液:每隔2年更换;

(6)冷却液:每隔3年或8万km更换(以先到达者为准);

(7)燃油滤清器:每隔2年或4万km更换(以先到达者为准);

(8)火花塞:每隔4万km更换;

(9)燃油系统积碳清洗剂:建议每隔5000~10000km定期使用本公司认可的燃油;

(10)系统积碳清洗剂。

3.非常规维护计划

(1)大部分的单次行驶距离小于8km;

(2)在交通拥堵的条件下、经常在0℃以下的环境下行驶;

(3)经常在繁忙的城市交通条件下行驶,并且室外温度往往达到30℃或者更高;

(4)经常急加速、急减速或高速行驶;

(5)在多尘或者多沙的环境中行驶;

(6)在丘陵或多山地形下行驶;

(7)用作出租车、警车或运送车等特殊用途;

(8)经常在潮湿环境下停放或是经常涉水;

4.具体项目

(1)如果车辆短途行驶,长时间怠速或者在多尘条件下行驶,应每隔5000km更换发动机机油和机油滤清器。

(2)如果车辆在尘土飞扬或者多沙区域行驶,应每行驶5000km检查空气滤清器滤芯和空调滤清器滤芯,必要时更换。

(3)如果车辆主要在丘陵或山地中行驶,或者车辆经常在潮湿的气候环境下行驶,应每隔4万km或1年(以先到达者为准)更换制动液。

(4)如果制动器使用过于频繁(如在山区驾驶),制动盘和制动衬块应进行更加频繁的检查或更换。

(5)建议每隔1万km或6个月(以先到达者为准)检查燃油滤清器,并视情况更换。

(6)执行常规维护计划的B类中的检查项目或向上汽新能源汽车授权售后服务中心咨询。

子任务4 目录式报价

学习目标

完成本学习任务后,你应该:

1.能够针对客户的维修项目进行详细报价及时间预估,消除客户疑虑;

2.能够实时关注维修进度并及时向客户汇报,出现项目变更时,及时向客户说明;

3.能够在车辆维修期间安排好客户。

学习内容

1.目录式报价的流程和要求;

2.维修委托书的制定和解释;

3.维修期间的客户安排。

建议学时:6学时

学习任务二　汽车维修接待基本流程

 **任务描述**

你已经完成客户到店后的互动式预检接待工作,作为一名专业的维修接待员,接下来你需要与客户确认本次维护及修理项目的预估价格和时间,让客户清楚了解本次维修、精品、特色服务等项目预估价格和时间。

任务分析

要顺利完成目录式报价工作,你需要按照目录式报价的流程,了解注意事项,为客户做好沟通解释工作,完成项目确认,预估每个维修项目的具体价格及时间,与客户进行确认,完成维修委托书的制作,并根据客户意愿进行客户安排,并告知客户大致的维修竣工时间。

一、知识准备

(一) 目录式报价的含义和作用

1. 目录式报价的含义

目录式报价(图2-23)是指汽车维修企业在与客户签订维修委托合同前,根据客户需求及维修前的预检情况判断,列出维修维护项目,并对所列出的项目进行费用和时间的预估。

维修项目的确定需要结合客户的需求、客户用车过程中的问题陈述、车辆的环车预检,与客户一同确定维修项目方案。确定项目方案后罗列清单,并根据项目清单预估所需要的产生的工时费、材料费以及其他费用,计算出维修预计产生的总费用。

图2-23　目录式报价

2. 目录式报价的作用

客户在接受汽车维修企业的维修服务之前,有权清楚地知道维修的具体项目、价格范围、维修时间及注意事项等。能够较准确地预估维修价格和时间,能反映出汽车维修企业的服务质量、经营管理水平,同时树立企业良好的形象。

能够对即将维修维护的车辆进行价格和时间的预估,是维修接待员的重要工作之一,要做好目录式报价工作,需要清楚地对工时费用、材料价格、维修作业的标准时间、配件供应时间等进行了解,并且能与客户进行良好的沟通,为客户进行解释和说明。

小贴士

目录式报价除了要求维修接待员掌握工时、材料价格以及维修作业的标准时间等,重点还要考查维修接待员的表达能力及与客户良好沟通的能力,如果能与客户进行良好的沟通,可以提高工作效率,避免由于信息不对等产生的误解与矛盾。这也是作为一名专业的维修接待员应具备的综合职业能力。

沟通是一个说与听相互作用的过程,双方既需要良好的表达能力,也需要恰当的倾听能力。一方面,语言表达能力直接决定了沟通的有效性;另一方面,倾听也是沟通的核心过程。只有善于倾听,才可以探测到客户的心理,更好地了解并满足客户的需求。

(二) 目录式报价的流程和要求

1. 目录式报价的流程

目录式报价工作看似简单,但应该注意以下几个方面:

(1) 遵循国家有关价格的法律法规和行业规章制度,公平合理,明码标价;

(2) 提供的服务项目不得超出经营范围;

(3) 收费要有充分的依据;

(4) 计算费用时要仔细,不出现错收、多收、漏收和重复收费的情况。

目录式报价的工作流程包含确定项目、预估价格和时间、制作维修委托书,以及维修期间对客户的安排(图 2-24)。

2. 目录式报价的项目确定

确定维修项目是目录式报价的基础,项目确定应征求客户的同意,主要通过以下几个方面来确定项目:

(1) 根据客户的维修需求及用车过程中发现的问题;

(2) 根据预检时客户反映的故障现象进行问诊,初步确定的车辆故障;

(3) 客户未发现,但维修接待员在预检过程中发现的车辆存在的问题及缺陷。

3. 价格预估

车辆的维修机维护费用一般包含工时费、材料费以及其他费用。

(1) 工时费预估。工时费是指维修工人在维修时需要的时间所产生的费用。

但是实际工作中,汽车维修企业不会以每次维修产生的时间来计算费用,一般采取工时定额及单价计费,也以此作为维修工人计算绩效的依据。工时费一般按下列工时计算:

$$工时费 = 工时定额 \times 工时单价 \times 车型的技术复杂系数 \qquad (2-1)$$

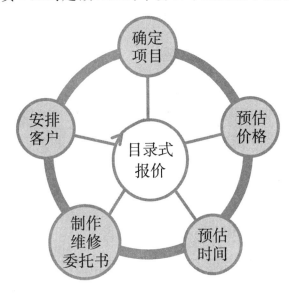

图 2-24 目录式报价流程

某品牌的维修工时标准见表 2-18。

某品牌维修工时标准表 表 2-18

序号	维修项目	价格(元)	备注
1	更换机油机滤	55	—
2	更换制动油/带	110/150	—
3	更换火花塞	40	全部 4 个
4	清洗喷油嘴	200	—
5	拆装进气歧管	175	—
6	大修发动机	5760	不含外加工费

(2)材料费预估。材料费用是指车辆维修过程中修理、更换零配件以及使用耗材产生的费用。需要注意的是,零配件和原材料的价格取决于实际进货价格和合理的进销差。进销差由汽车品牌商或维修企业自行确定,但需按规定告知客户。

某品牌的维修材料费标准见表2-19。

某品牌维修材料费标准表　　　　　表2-19

序号	维 修 项 目	价格(元)
1	发动机机油(1L)	117
2	制动液	76
3	机油滤清器	118
4	空调滤芯	140
5	拆装进气歧管	175
6	大修发动机	5760
7	燃油滤清器	96
8	刮水器	104

(3)其他费用预估。其他费用包含维修辅料费、材料管理费以及外加工等费用。外加工费是指本企业受有关技术条件的限制,维修过程中需要委托其他企业进行加工或制造的零配件所产生的费用。但需要注意的是,凡是属于规定的维修项目内的一律不得以外加工形式重复收费。

维修费用的计算公式为:

$$\text{维修费} = \text{工时费}(\text{工时单价} \times \text{工时定额}) + \text{材料费} + \text{其他费用} \quad (2-2)$$

4. 时间预估

维修时间能让客户感受到维修企业服务质量的高低,也与维修企业的业绩成正比,因此能准确预估时间是维修接待员必备的专业技能之一。

维修时间与企业的维修作业流程、管理控制水平、维修接待员的接待能力、维修技师的水平、零配件供应的及时性、车辆进厂量等均有关系,由于影响因素较多,以及各因素存在一定的不确定性,这都给预估维修时间带来一定难度。因此在预估时间时要告知客户预估的时间并不一定是最终准确的时间,要综合考虑维修的标准时间、零配件的供应时间、排队等候及洗车等需要的时间。

5. 制作维修委托书

进行完确定项目、预估价格和时间后,需要制作维修委托书(表2-20),也称为维修工单,打印委托书并向客户逐项解释,请客户确认签字。

维修委托书(维修工单) 表 2-20

维修接待员		开单时间		预计取车时间	
车牌号		送修人		联系电话	
车辆 VIN 码				发动机号	
车型		燃油量		行驶里程	
车辆清洗 是□ 否□ 旧件返还 是□ 否□ 贵重物品 有□ 无□ □三角警示架 □灭火器 □千斤顶 □备胎					
客户故障描述					
维修项目	材料费	单价		数量	金额
维修内容	工时费	价格		维修技师	
配件和辅料名称或代码		材料费用		是否保修	
费用合计					
友情提示:贵重物品请妥善保管!					
客户签字		维修接待员签字			
付款方式:现金□ 支票□ 刷卡□ 转账□ □微信□ 支付宝□					

维修委托书是客户与企业在维修和预期费用方面达成的协议,它明确了双方在维修过程中的权益,如果双方发生争议,维修委托书是具有法律效力的重要文件之一。维修委托书记录了维修企业对客户车辆故障处理的详细说明,是维修技师对车辆进行维修的依据;是企业内部的重要管理文件,是维修费用和零部件存货的审计依据。

维修委托书是一个合同,在客户签字之前,必须向客户说明以下问题。

(1)向客户逐项解释维修委托书中所包含的项目,如果客户对维修项目提出异议,维修接待员要向客户做出合理解释,是否维修由客户决定。如果客户不予维修,应在维修委托书上注明不予维修。

(2)维修项目的工时费、材料费和其他费用以及合计费用,预估价格与实际结算价格一般误差不超过10%。要告知客户费用和时间均为预估,在维修过程中如有变化和增加项目,会及时告知客户并与之协商。

(3)维修项目所需的大概时间。维修接待员在掌握企业现时维修、车辆进厂情况、零配件供应情况下,承诺交车时间应留有一定的余地。如果零配件不能及时供应,要向客户解释,告知供货周期。如排队等候时间、维修作业时间或洗车时间较长,客户不愿意等候,则与客户协商,将其转为预约客户。

①确认客户是否需要清洗车辆、更换下的旧件处理方式;

②询问客户付款方式,告知客户有关付款方式的规定,以免作业完车后由于付款问题产生争议;

③维修委托书一式三联,分别为客户联、维修工联和服务前台联,客户与维修接待员均签字后方可生效。

6. 维修期间客户安排

在制作委托书环节需询问客户维修期间是在店等候或离开维修企业自行安排时间。将客户安排好后,维修接待员才把车辆开到待修区维修车辆。

(1)在店等候。如果维修时间较短,签订好维修委托书后,客户希望在店等候取车的,维修接待员应将客户引领至休息区安排其休息,并介绍休息区的功能分区,并每隔1h汇报车辆维修进度,如有维修增项及时告知客户,与客户协商,征得同意后方可进行作业。

(2)客户离开。如果车辆维修时间较长,维修接待员应告知客户,并询问其是否回去等候。如企业有代用车,则需告知客户,反之则应告知客户可选择的交通工具以及乘车信息。并说明若维修过程中有维修增项将电话联系客户,征得其同意后再进行。

二、任务实施

(一) 任务目标

(1) 能够与客户进行良好沟通,确定维修项目,预估维修时间和价格;
(2) 能够按照要求制作维修委托书;
(3) 能够根据维修委托书的内容为客户进行解释,与客户达成一致;
(4) 能够消除客户在维修项目、时间及价格方面的异议;
(5) 能够按照规定流程和要求,完成目录式报价工作。

(二) 准备工作

(1) 学生分组(4~5人一组),明确组内分工及职责。
(2) 为了更好地完成实战演练任务,准备了维修接待台、电脑、打印机、笔、维修委托书、A4纸、目录式报价评分表(表2-21),请根据任务需要进行选择。

目录式报价评分表　　　　　　　　　表2-21

评分要点	评分要求	时间要求	考核分值	考核得分
项目确认	应用引导礼,引导客户到维修服务接待台落座	4min	5分	
	为客户提供三种以上饮品供选择,并礼貌地递送		5分	
	与客户交流,确认客户基本信息		5分	
	与客户一同确认维修项目,征得客户同意		10分	
预估时间和价格	预估维修项目的时间(每个项目及所有项目时间)	5min	10分	
	能充分考虑维修的标准时间、零配件的供应时间、排队等候及洗车等时间		10分	
	预估维修项目价格(每个项目及所有项目时间,包含工时费、材料费和其他费用)		10分	
	能就维修价格为客户进行合理解释,消除客户在价格方面的疑虑,明明白白消费		5分	

续上表

评分要点	评分要求	时间要求	考核分值	考核得分
制作维修委托书	能完整填写维修委托书的内容	3min	10分	
	能就委托书的内容为客户详细解释说明		10分	
	能处理客户异议,请客户确认签字		5分	
维修期间安排客户	能将客户引领至休息区休息,介绍休息区的功能分区	3min	10分	
	说明每隔1h汇报车辆维修进度、维修增项等情况		5分	
合计		15min	100分	

(三)工作内容

与客户沟通,共同确定维修项目,预估维修时间和价格,正确制作维修委托书,完成目录式报价工作。

1. 实施标准

(1)与客户一同完成项目确认工作;

(2)按照目录式报价的流程和要求进行;

(3)能正确制作维修委托书;

(4)能对委托书为客户进行详细解释;

(5)能与客户达成一致,并请客户在维修委托书上签字确认;

(6)能在签好委托书后妥善安排客户。

2. 注意事项

(1)在确定项目和预估时间及价格时,注意不要出现漏项、多项、重复收费等情况,对维修时间和价格要进行合理解释,消除客户疑虑;

(2)目录式报价时,针对特殊情况,如配给不能及时供应、排队等候时间较长、无法安排洗车等,要能做出合理解释,请客户谅解。

三、评价反馈

1. 自我评价

(1)对本学习任务的学习,你自己满意吗?

(2)你能完整说出目录式报价的流程吗？
_____

(3)你能按照流程及要求独立完成目录式报价工作吗？
_____

(4)你能独立制作维修委托书，根据维修委托书的内容为客户详细说明并合理解释吗？
_____

(5)你能正确预估维修价格和时间，并向客户说明及解释吗？
_____

2.小组评价
(1)小组在接到任务之后组内讨论如何完成任务了吗？
_____

(2)小组在完成任务过程中有明确的分工吗？
_____

(3)小组在完成任务过程中组员都积极参与、相互配合吗？
_____

(4)小组在完成任务过程中注重与客户沟通，能处理客户异议吗？
_____

(5)小组成员在规定时间内按要求完成目录式报价工作了吗？
_____

3.教师评价
(1)小组综合表现：_____
(2)优势：_____
(3)待提升之处：_____

四、学习拓展

各个省份的物价局都制定了《汽车维修行业工时定额和维修服务收费标准》，这是汽车维修企业收费的依据，前面已经学习了工时费的计算方法，现在介绍工时单价和工时定额的具体规定。

(1)工时单价：是依据汽车维修管理部门与物价部门核定的工时标准，在允许浮动的范围内实施。

(2)工时定额：依据省级汽车维修管理部门制定的工时标准，分别核定汽

车大修、维护、故障诊断、小修、专项修理、机加工以及校验等各类作业的工时。

还需要注意的是,标准中未列出的维护作业项目工时,应按该项目小修定额工时另外计加;车辆技术改装和改造,按作业完成后的实际工时结算,但双方须有书面合同;在质量保证期间内的项目不得另行收取工时费。

子任务5 维修与质检

学习目标

完成本学习任务后,你应该:
1. 能够按照维修作业流程,实时关注维修进度并及时向客户汇报;
2. 能够在出现项目变更时及时向客户说明变更内容;
3. 能够按照车辆质检的工作流程对车辆进行维修后的检查。

学习内容

1. 车辆维修作业的流程和注意事项;
2. 车辆质检工作流程与要求。

建议学时:6学时

 任务描述

你已经完成目录式报价工作,并在车辆维修期间客户在店等候取车。接下来你需要安排客户车辆的维修进程,负责对车辆进行维修进度跟进及汇报,并完成车辆维修结束后的质量检验工作。

要顺利完成车辆的维修与质检工作,你需要了解车辆维修的流程,实时跟踪掌握车辆的维修进度,及时向客户汇报维修过程中产生的维修增项,并与客户沟通,征得客户同意后安排增项作业。同时,你还需要掌握质量检验的流程和注意事项,完成交车前的车辆质检工作。

学习任务二　汽车维修接待基本流程

一、知识准备

(一)车辆维修作业

1. 车辆维修作业(图2-25)的重要性

质量是维修企业的产品或服务满足客户需求的重要环节。质量管理是一个组织内部各个部门在质量发展、质量保持、质量改进等方面的努力下,结合的有效体系。质量的高低是企业内部每个工作环节质量的综合表现,它能反映企业产品和服务的水平。维修质量与企业的维修工艺、维修人员的技术水平、维修生产组织管理、维修材料和设备、维修技术资料等均有密切关系。

维修接待员要正确掌握维修作业情况,对维修进度进行监控,以保证维修作业按时完成。

图2-25　车辆维修作业

维修质量与维修企业内部各个部门相关,因此企业各部门需要互相配合,发挥团队协作精神才能保证维修的质量。

团队协作能力是指建立在团队的基础之上,发挥团队精神、互帮互助以达到团队最大工作效率的能力。对于团队的成员来说,不仅要有个人能力,更需要有在不同的位置上各尽所能、与其他成员协调合作的能力。一个好的团队,需要朝着共同的目标,成员之间相互依存相互影响,并能较好的合作,才能迎来成功。

2. 车辆维修作业流程

车辆维修作业的流程如图2-26所示。

维修接待员在跟踪关注维修作业时要注意以下问题:

(1)在维修开始0.5h时,应关注维修进度,一般而言,维修技师检查出新问题或者零配件是否能按时供应的问题均可确定;

(2)预估的维修时间过半时,需确认是否能进入检验环节、是否有未遇到的状况发生,在该时间段判断能否按时交车;

(3)接近预估维修时间节点时重点跟踪关注,此时车辆进入竣工检验阶段,掌握车辆情况有利于在交车环节占据主动地位。

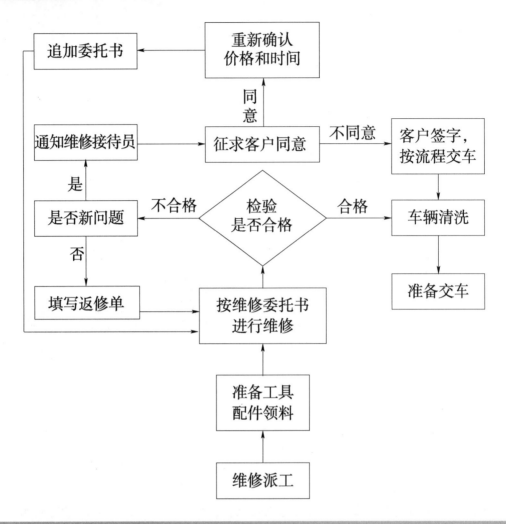

图 2-26　车辆维修作业流程

3. 维修增项处理流程

维修增项的处理流程如图 2-27 所示。

(1) 维修过程监控。

在车辆维修过程中,维修接待员要随时关注维修进度,了解客户需求,以便为客户提供相应的服务。

(2) 产生维修增项。

在客户等待维修期间,如果维修技师发现需新增的维修项目,或者客户在等待过程中有新的需求,相关人员应及时告知维修接待员。对新增的维修项目进行核实,比如零配件是否能及时供应、维修时间变更、新增项目是否必须维修、需要增加的费用等,确认所有问题后方可与客户进行沟通。

学习任务二　汽车维修接待基本流程

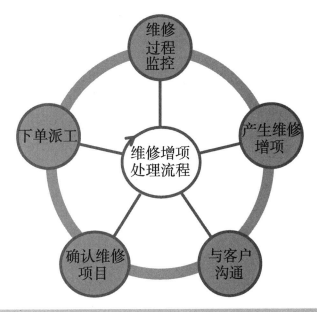

图 2-27　维修增项处理流程

(3) 与客户沟通。

与客户沟通时要运用恰当的沟通技巧,有效传递信息,征询客户同意时要注意礼貌。从专业技术性上做好新增项目说明,特别强调不维修事关安全的项目时可能造成的后果。在沟通过程中正确把握客户心理,说明新增项目必要性以及增加的维修时间和价格,但不可强求客户,而应尊重客户的选择。

(4) 确认维修增项。

维修增项一般包含维修项目增项、精品增项和特色服务增项。无论哪一类的服务项目,维修接待员只能向客户建议并推荐,而决定权在客户。所有的增项需征得客户同意并在相关单据上签字后才能实施。

(5) 下单派工。

客户确认新增维修项目后,维修接待员即可追加填写维修委托书,安排车间维修技师开始新增项目的维修作业。

(二) 车辆质检工作

在车辆竣工后,维修企业内部对车辆进行交车前的质量检验,以确保车辆完成修复且极少返修,提高客户的信任及满意度。车辆的检验一般先由维修车间的质检员完成,需在交车前再次进行检验。

1. 车辆质检工作流程

车辆质检的流程如图 2-28 所示。

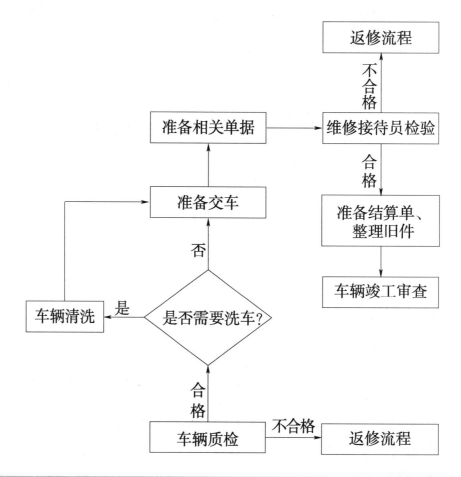

图 2-28　车辆质检流程

2. 质量检验的内容

车辆质量检验一般包括维修质量检验、车辆清洗、旧件整理和车辆竣工审查。

（1）维修质量检验。

维修质量检验有助于维修技师及维修接待员发现维修过程中的失误、验证维修效果及质量，质量检验是维修服务流程中的重要环节。

（2）车辆清洗。

维修工作完成后，应对客户的车辆内饰和外观进行必要的清洁，以保证交车时车辆干净、整洁，符合客户的要求。

（3）旧件整理。

如果客户需要将旧件带走，维修技师应将旧件擦拭干净，并放置在车辆行李舱或客户指定的位置，同时告知维修接待员。如果客户不需要带走旧件，也应将旧件整理好放在旧件展示区,以便交车时向客户展示。

(4)车辆竣工审查。

车辆质量检验合格后,维修接待员应对车辆进行竣工审查。主要内容包括:核对维修项目、工时费用、材料费用、零配件数量等是否与预估相符;竣工时间是否与预估相符;故障是否排除、车辆是否清洗、旧件是否整理好。竣工审查合格后维修接待员方可通知客户取车。

3.车辆质检要求

所有车辆均需通过维修技师自检、质检员终检、维修接待员竣工审查,并完成维修质量检验单(表2-22)后,方可交车。

维修质量检验单　　　　　　　　　表2-22

委托书编号		维修小组		维修接待员	
维修时间		质检时间		预计交车时间	
车牌号		送修人		是否合格	
维修项目		维修技师自检	质检员终检	维修接待员竣工审查	
维修增项					
不合格返工记录					
未按时交车记录					
车辆清洗检验					
试车记录					

在车辆质检时还应注意以下要求：

（1）对照维修委托书逐项检查,确保所有项目均已完成;

（2）根据客户描述的情况检查,必要时可以上路试车,以确保消除故障;

（3）根据委托书的记录检查维修过程中车辆物品、工具等有无损伤和遗失;

（4）出现检验不合格的情况要如实在质检单上记录,需要返修的,将委托书交于车间维修技师重新检查和维修,计入内部返修车辆;

（5）如是由于维修技师水平导致的内部返修,将委托书交于车间重新派工给技术更高的维修小组及技师;

（6）自检合格、所有人员签字确认后,车辆才能离开维修车间准备交车;

（7）返修对于客户满意度影响很大,要严格控制质检环节,一般返修率不应超过5%。

二、任务实施

（一）任务目标

（1）能够了解车辆维修作业的流程,进行车辆维修进度跟进;

（2）能够按照车辆质检流程完成车辆质检;

（3）能够按要求完成维修质量检验单的填写;

（4）能够就车辆维修过程中产生的维修增项向客户说明,征得客户同意;

（5）能够按照规定流程和要求,与维修技师和客户有效良好的沟通,顺利完成车辆维修与质检工作。

（二）准备工作

（1）学生分组(4～5人一组),明确组内分工及职责;

（2）为了更好地完成实战演练任务,准备了实训车辆、手套、夹板、笔、维修委托书、维修质检单、维修与质检评分表(表2-23),请根据任务需要进行选择。

学习任务二　汽车维修接待基本流程

维修与质检评分表　　　　　　　　　表 2-23

评分要点	评 分 要 求	时间要求	考核分值	考核得分
车辆维修工作	能实时关注车辆维修进度,发生维修增项时及时与客户沟通	10min	10 分	
	能够在沟通过程中正确把握客户心理,说明新增项目必要性以及增加的维修时间和价格		10 分	
	就维修增项与客户沟通时要运用恰当的沟通技巧,有效传递信息,征询客户同意时要注意礼貌		10 分	
	能够了解车辆维修工作流程并为客户解释		10 分	
	针对客户异议能礼貌地倾听客户的问题和异议,进行记录,进行专业解释,消除客户疑虑		10 分	
车辆质检工作	能够按照车辆质检流程和要求完成竣工审查及交车准备工作	10min	10 分	
	能完成维修质量检验、车辆清洗、旧件整理和车辆竣工审查各环节的工作		10 分	
	能够正确填写车辆质检单		10 分	
	能够在质检完成后准备好预检单、委托书、质量检验单、车钥匙及行驶证等资料		10 分	
	能与维修技师和客户进行良好沟通,顺利完成质检工作		10 分	
合计		20min	100 分	

(三) 工作内容

客户的车辆已经进入维修车间,请你按照流程要求进行维修过程监控及跟进,就维修过程中产生的维修增项向客户汇报及说明,征得客户同意。并按照车辆质检流程完成车辆的竣工审查,完成维修质检单的填写,做好交车准备。

1. 实施标准

（1）按照流程进行车辆维修进度监控，及时跟踪关注车辆维修情况；

（2）就维修过程中产生的增项与客户良好沟通，征得客户同意维修；

（3）能按照质量检验流程完成车辆质检工作；

（4）能正确完成维修质检单的填写；

（5）能完成车辆竣工审查工作，做好交车前的准备。

2. 注意事项

（1）注意在维修开始后 0.5h、维修时间过半时以及接近维修时间节点时重点关注维修进度；

（2）就维修增项与客户沟通时要运用恰当的沟通技巧，有效传递信息，征询客户同意时要注意礼貌；

（3）维修接待员的竣工审查包括核对维修项目、工时费用、材料费用、零配件数量等是否与预估相符；竣工时间是否与预估相符；故障是否排除；车辆是否清洗；旧件是否整理好等。注意不要出现遗漏。

三、评价反馈

1. 自我评价

（1）对本学习任务的学习，你自己满意吗？

（2）你能完整说出目录式报价的流程吗？

（3）你能按照流程及要求独立完成目录式报价工作吗？

（4）你能独立制作维修委托书，根据维修委托书的内容为客户详细说明并合理解释吗？

（5）你能正确预估维修价格和时间，并为客户说明及解释吗？

2. 小组互评

（1）小组在接到任务之后组内讨论如何完成任务了吗？

(2)小组在完成任务过程中有明确的分工吗？
_____

(3)小组在完成任务过程中组员都积极参与、相互配合了吗？
_____

(4)小组在完成任务过程中注重与维修技师沟通和处理车辆出现的状况以及客户异议了吗？
_____

(5)小组成员在规定时间内按要求完成维修与质检工作了吗？
_____

3．教师评价
(1)小组综合表现：_____
(2)优势：_____
(3)待提升之处：_____

四、学习拓展

质检返工的处理。质检员确定维修车辆出现问题需要返修时，应确定出现问题的原因。如果是由于维修人员人为因素造成的，应通知维修接待员立即开具返修单，安排车辆进行返修；如果是由于零配件质量存在问题，应对零配件进行质量鉴定，向生产厂家进行索赔。返修一般分为以下3种。

(1)内部返修：车辆维修完成在质量检验的过程中，发现存在没有达到厂家质量标准要求存在缺陷的；车辆报修项目维修完成后，故障仍然存在需要继续进行维修的。

(2)法定外部返修：车辆维修后，在国家法律法规规定的质量保质期内进厂维修同一故障的。

(3)内定外部返修：凡属于下列情况之一的即为外部返修。车辆维护后十天内返厂进行维修的；车辆维修后十天内返厂进行维修同一故障的；车辆维修后超过十天返厂但在公司规定的维修质保期内进厂维修同一故障的。

返修主要流程如下。

(1)返修确认。
①质检员负责内部返修的确认；维修接待员提出外部返修确认需求，服务主管审核后，由技术主管负责外部返修的确认。
②外部返修确认流程。
③如果本次维修确认属于返修，则按照返修责任确定维修费用，维修接待员

做好客户的解释工作。如果本次维修确认不属于返修,则按常规程序向客户报价,维修接待员应做好解释工作,必要时由服务主管出面解释。

④服务部经理定期组织服务主管、车间主管、质检员和技术主管对返修的判断进行核查,对于误判的返修给予及时的纠正。返修责任对内责任:维修技术人员对由于维修原因引起的内部返修和外部返修负有责任;车间主管、技术主管和质检员对由于维修质量引起的外部返修分别负有管理责任和检查责任。返修责任对外责任:法定外部返修,给客户免去本次返修项目所产生的维修费用;内定外部返修,给客户免去本次返修项目所产生的维修工时费用;内部返修,客户需要承担本次维修的全部费用。

(2)返修处理。

①内部返修纳入班组所有人员的绩效考核;外部返修一次扣除班组上次相关维修项目工时,本次相关维修项目的维修不计算工时,并纳入班组所有人员的绩效考核;外部返修纳入车间主管、技术主管和质检人员的绩效考核。

②内部返修和外部返修及时通报。质检员负责内部返修的通报,服务经理负责外部返修的通报。

(3)返修分析。

车间主管每月进行一次返修的汇总与分析,并且有针对性地提出改进措施。保证维修质量稳步提高。

子任务6　结算与交车

学习目标

完成本学习任务后,你应该:

1. 能准确复述出交车前准备详细的单据及内容要点;
2. 能按照结算与交车具体流程陪同客户做好结算与交车;
3. 能严格按照结算与交车的具体要求进行结算与交车流程练习。

学习内容

1. 交车前准备的单据资料;
2. 结算与交车具体流程;
3. 结算与交车的具体要求。

建议学时:6学时

学习任务二 汽车维修接待基本流程

任务描述

白女士的车辆已经完成维修,经过质检与洗车后,该车已经停在了竣工车位上。现在要与白女士进行结算和交车,请你作为维修接待员与白女士进行结算与交车。

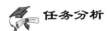
任务分析

要顺利完成结算与交车的工作,你需要提前做好交车准备,将预检单、工单、最终检查单、车钥匙及驾驶证准备好,并对竣工车辆进行自检,再通知白女士取车,最后邀请白女士一起验车查看旧件并向其说明维修费用,完成结算与交车的工作。

一、知识准备

车辆检查、结算和交付是维修接待服务过程中非常重要的步骤,也是客户离开4S店前维修接待员处理好客户车辆的最后环节,它将兑现维修接待员在接待客户时对客户关于维修质量、价格和时间的承诺,并决定客户对其所付费用是否值得的总体评价。因此,应提高经销店维修的透明度,增强客户对4S店的信任,全程高质量为对客户提供完整的服务,避免各类纠纷,在客户满意的基础上,创造客户下次来店机会。

(一)交车前的准备

1. 交车前准备的单据资料

在通知客户取车之前,维修接待员应该依次确认预检单、维修工单上列出的工作项目已经被高质量地完成。打印结算清单并进行核对,准备好车钥匙以及客户的驾驶证、维护手册等资料等候其到来。

(1)接车时的预检单。预检单是客户刚到店时,维修接待员与客户一起进行预检的单据,其用于核对车辆外观是否符合车辆到店时的一致性,见表2-24。

接 车 预 检 单   表2-24

车牌号		车主		燃油量	
联系电话		行驶里程		日期	
车辆清洗	是□ 否□	旧件返还	是□ 否□		
维护手册	有□ 无□	贵重物品	有□ 无□		
用户需求					

续上表

车身及油漆检查	内部检查	正常	异常	建议操作
//划痕 ○凹陷 X车身损伤	仪表盘照明信息			
	内部照明			
	风窗玻璃			
	刮水器			
	玻璃清洗液			
	车辆内饰			
	车窗升降			
	后视镜调节			
	外部检查	正常	异常	建议操作
	油、水、液			
	机油			
	随车工具			
	三角警示架			
	备胎			
	千斤顶			
轮胎检查	轮胎磨损			
左前轮花纹 ___mm 右前轮花纹 ___mm	轮胎花纹			
	轮胎损伤			
左后轮花纹 ___mm 右后轮花纹 ___mm	前制动片			
	后制动片			

维修建议	
个人设置是否复原:收音机 空调 座椅 是□ 否□	
客户签字	维修接待员签字
付款方式:现金□ 支票□ 刷卡□ 转账□ 微信□ 支付宝□	

（2）维修工单。维修工单是预检完成后，通过维修系统记录客户详细的维修项目、工时、材料的种类和数量后打印出的单据，需要与最终清单进行核对，见表2-25。

车 辆 维 修 工 单　　　　　　　　　　表 2-25

维修接待员		开单时间		预计取车时间	
车牌号		送修人		联系电话	
车辆 VIN 码				发动机号	
车型		燃油量		行驶里程	
车辆清洗　是□ 否□　　旧件返还　是□ 否□　　贵重物品　有□ 无□					
□ 三角警示架　　□ 灭火器　　□ 千斤顶　　□ 备胎					
客户故障描述					
维修项目	材料费	单价		数量	金额
维修内容	工时费	价格		维修技师	
配件和辅料名称或代码		材料费用		是否保修	
费用合计					
友情提示：贵重物品请妥善保管！					
客户签字			维修接待员签字		
付款方式：现金□　支票□　刷卡□　转账□　微信□　支付宝□					

（3）结算清单。结算清单是客户车辆在维修完成后打印出的结算单,结算清单内包含了整个维修过程中产生的维修项目、工时、材料的种类和数量、增加的项目和零件以及费用,用于向客户解释说明以及最后结算所用,见表2-26。

某品牌结算清单　　　　　　　　　　　　　　　表2-26

维修结算清单				
承修单位：	汽车4S店			
地址：	电话：		传真：	
开户银行：	E-mail：			
账户：	网址：			
委托单位：	车型：	类型代号：	轿车D电喷	送修人：
工单号码：	进厂日期:2010/7/28			出厂里程：
工时定额：××市汽车维修结算工时定额(试行)				
车牌号码：	结算日期:2012/7/30	发票类型：	执行标准：	
合同编号：	合格证号：	发票号码：	出厂日期:2012-7-30	
1　收费结算				
序号	名称	金额(元)		
1	材料费	42.00		
2	工时费	42.00		
3	外加工费	0.00		
4	施救服务费	0.00		
5	车辆牵引费	0.00		
6	其他	0.00		
7	合计	0.00		
销售收入：	税前销售额：		销售税额：	
2　工时费				
序号	维修项目	结算工时	单价(元/工时)　金额(元)	备注
1				
2				
3				
合计：			￥：	

续上表

3　材料清单					
序号　配件编码　配件项目　单位　数量　单价(元)　金额(元)					
1					
2					
3					
4					
5					
合计：					￥：
4　质量保证					
该车按双方约定进行维修并检验合格,维修竣工车辆实行质量保证,保证期为车辆行驶____km或____日。质量保证期中行驶里程和日期指标以先到达者为准。保证期从维修竣工出厂之日起计算。因维修质量原因造成机动车无法正常使用,由本厂负责无偿返修,在原维修范围内修竣,交托修方。					
5　注:旧件已确认,用户声明放弃					
质量检验员：　　　结算员签字：　　　客户签字：　　　日期：					

(4)车钥匙及行驶证、维护手册。在维修完成后,要将客户的车钥匙及行驶证、维护手册等相关资料准备齐全,完整地交还给客户。

2.交车前竣工前的检查

对于竣工车辆,维修接待员需要在交车前对车辆进行自检,检查车辆的维修情况和旧件的保留情况。

(1)竣工车辆预检。车辆维修竣工后,如果客户没有特殊要求,一般在维修作业后都应为客户清洗车辆的内外,保证车辆的美观与洁净,所以要对车辆的外观进行检查,检查是否清洗干净,如果未清洗或者未洗干净,要在第一时间进行返回清洗。

车辆在维修作业后,要根据维修工单对车辆维修项目进行逐一检查,查看是否维修完成,必要时可以进行试车,维修工单上必须要有质检员的签字,以确保车辆的维修质量。如果检查出维修不合格就要在第一时间进行返工,确保维修质量。

(2)旧件检查。保留车辆更换后的旧件,维修接待员要在车辆竣工后进行检查,以便客户查看,并在取得客户意见后进行处理。

(二)结算与交车

1. 结算与交车具体流程

(1)车辆结算与交车工作的流程如图 2-29 所示。

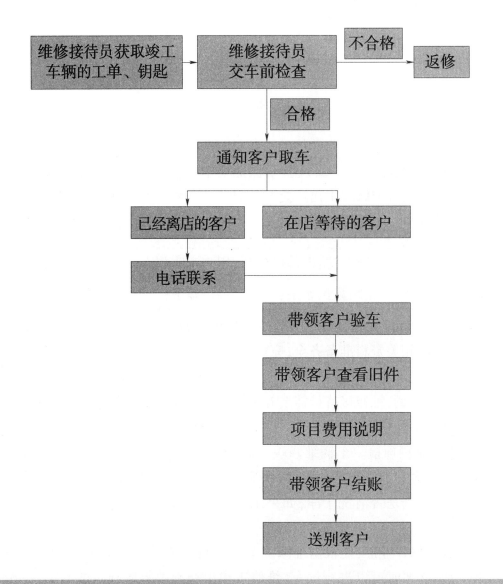

图 2-29　车辆结算与交车工作流程

(2)车辆结算与交车具体要求见表 2-27。

学习任务二　汽车维修接待基本流程

结算与交车流程表　　　　　　　　　　　表2-27

流　　程		具体要求	方　　法
交车准备		准备好预检单、维修工单、车钥匙、行驶证和维护手册，打印结算清单	核对与原定费用是否一致，结算单打印，并将交车所需材料统一归纳在一处
		对竣工车辆进行自检，查看维修项目是否全部完成，设置复位，车内外清洁，旧件准备	核对是否按要求完成，各项功能设置恢复进厂时原状，车辆内外清洁干净，更换下来的旧件准备妥当
		在预计交车时间前，在约定时间前10min礼貌专业地通知客户可以取车	随时关注车间维修进度，交车前做好准备，提前与客户沟通；如不能按时交车，提前通知客户，征得客户谅解
车辆验收		礼貌规范地邀请客户查看竣工车辆，陪同客户顺时针方向查看	当着客户的面开启机盖，并告诉客户已为其免费添加油液，展示维修成果和清洁效果，提醒注意事项，告诉客户已做好各项免费检测
		向客户解释常规维护项目；告知已为其洗车，让客户满意	
		向客户解释维修服务项目	
		向客户解释精品服务项目，查看增补精品，让客户满意	

续上表

流　程		具体要求	方　法
车辆验收		打开机舱进行项目说明	解释客户反映的所有问题，并结合维修项目向客户展示旧件，将旧件包在新件的原包装中，并告诉客户这是原厂配件，最后征询客户处理意见
		打开行李舱进行项目说明	
		旧件展示并询问处理方式	
		请客户在维修工单上签字	
		交车时提醒客户关注微信（或任意一项本4S店的特色服务）	体现专业性人文关怀，对车辆在使用、维护、安全等方面的注意事项进行简要说明
费用说明		陪客户至服务接待台落座，针对结算单向客户解释并核对常规、维修、精品、特色收费项目，尊重客户的知情权，消除客户在价格上的疑虑，让客户明白消费、满意而归	结合工单，逐项解释结算单的工时和材料费，每说一项都用笔将清单上对应处指出，尽量使用客户听得懂的词汇，不使用专业术语，最后询问客户是否有疑义
		礼貌地请客户核对结算单，并在结算单上签字	

学习任务二　汽车维修接待基本流程

续上表

流　程		具体要求	方　法
费用说明		陪同客户至收银处，礼貌地请客户按结算单结账、付款、交接发票和出门证	客户签字后，业务接待陪同客户一起到结算台，为结账的客户留出安全区，结账所需手续事先准备好，方便客户
礼送客户		将客户送至车前，当面取下车辆防护用品，向客户建议下次维护时间，并征得客户同意，张贴维护提醒贴	积极向客户推荐预约，介绍预约的好处
		向客户解释回访的目的，征求并确认回访时间，礼貌地询问对于本次服务的满意程度，规范礼貌地引导客户上车	确认回访时间并记录在工单上，处理好客户所有要求，观察/询问客户是否满意，并亲自送客户上车
		感谢客户光临，与客户道别，行目送礼目送客户开车远去	目送客户离开

小贴士

为客户解释维修项目和维修费用时,按照每项维修项目的内容、零件及其费用、工时费的顺序给客户讲解,最后得出最终价格;客户提车时间一定要按照约定好的取车时间通知客户取车,避免客户产生抱怨;为客户说明车辆的问题时既要体现专业,又要让客户能够听懂,尽量少用专业术语。

2. 结算与交车的具体要求

(1)清晰明了地说明维修项目及费用;

(2)专业地解释客户所报故障的解决程度;

(3)核对本次客户已确认的维修清单;

(4)与客户确认发票内容;

(5)确保终检结果正常;

(6)提醒客户下次维护时间;

(7)提出客户本次未维修项目的建议;

(8)再次确认客户已认识自己,方便下次联系;

(9)推广预约并介绍好处;

(10)了解客户方便回访的时间,便于后期的跟踪维修。

二、任务实施

(一)任务目标

(1)完成客户车辆交付前的准备工作;

(2)为客户进行详细的维修结果说明;

(3)陪同客户完成车辆验收;

(4)引导客户完成费用交付;

(5)按照交车流程完成结算与交车工作。

(二)准备工作

(1)学生分组(2~4人一组),明确组内分工及职责。

(2)为了更好地完成实战演练任务,准备了以下工具设备、耗材以及表单资料(表2-28),请根据任务需要进行选择。

学习任务二　汽车维修接待基本流程

准备清单列表　　　　　　　　　　　　表 2-28

工具、设备名称	作　用
实训车辆、车钥匙	模拟企业真实工作场景,更有利于一体化课程学习任务的开展
夹板、笔、名片、白手套	体现维修接待员的专业性,便于更好地向客户提供接待服务
车内四件套、维护提示贴	保护车辆内部干净整洁;提醒客户下次维护时间
预检单、维修工单 结算清单、发票	考验学生能不能正确准备交车前的单据资料
行驶证、维护手册	查看学生能否正确准备任务所需要的物品
交车与结算流程评分表	明确任务要求、考核时间以及考核分值,便于客观地对任务完成情况进行评价考核

(三) 实战任务

1. 交车前的准备工作

经过两小时的维修作业,白女士的车辆已经维修完工,现在你将要对白女士进行结算与交车,在此之前请你先做好结算交车前的准备工作。

1) 实施标准

(1) 能正确地准备结算与交车前单据资料;

(2) 能正确打印出最终的结算清单;

(3) 检查车辆已清洗干净,车内无异物遗留;

(4) 对车辆的维修项目进行一一检查,并恢复客户车内进厂前的设置;

(5) 检查旧件。

2) 注意事项

(1) 注意准备资料时不存在漏项少项的情况,确保交车前已经准备好所有客户相关的资料;

(2) 自检车辆时注意安全,检查清楚客户车辆外观是否有新的刮伤;

(3) 检查旧件时要事先做好旧件的清洁,以便客户检查。

2. 交车工作

现在你已做好交车前的准备工作,请按照交车与结算考核评分表(表2-29)的要求通知白女士取车,并与客户一同验车,为其解释维修项目内容和费用,最后送别白女士。

1) 实施标准

(1) 能礼貌规范地通知客户取车;

(2) 邀请客户一起验车,并规范地讲解;

(3) 能清晰明了地为客户进行费用解释;

(4) 对客户讲解预约的好处,并提醒客户下次维护的时间及里程;

(5) 能按照结算与交车的流程完成与客户的交车工作。

2) 注意事项

(1) 提醒客户注意安全;

(2) 仪容仪表要规范,交车过程中要注意礼仪规范。

结算与交车考核评分表　　　　　　　　　　表2-29

评分要点	评分要求与细则	时间要求	考核分值	考核得分
交车准备	准备好预检单、维修工单、车钥匙及行驶证和维护手册,打印结算清单	5min	6	
	对竣工车辆进行自检,查看维修项目是否全部完成,设置复位,内外清洁,旧件准备		4	
	在预计交车时间前,在约定时间前10min礼貌专业地通知客户可以取车		2	
车辆验收	礼貌规范地邀请客户查看竣工车辆,陪同客户顺时针方向查看	10min	4	
	向客户解释常规维护项目;告知已为其洗车,让客户满意		5	

学习任务二 汽车维修接待基本流程

续上表

评分要点	评分要求与细则	时间要求	考核分值	考核得分
车辆验收	向客户解释维修服务项目	10min	5	
	向客户解释精品服务项目,查看增补精品,让客户满意		4	
	打开机舱进行项目说明		4	
	打开行李舱进行项目说明		4	
	旧件展示并询问处理方式		4	
	请客户在维修工单上签字		2	
	交车提醒客户关注微信(或任意一项本4S店的特色服务),体现专业性人文关怀,对车辆在使用、维护、安全等方面的注意事项进行简要说明		4	
	面对客户异议,礼貌地倾听客户的问题和异议,进行记录,用通俗、专业语言回答,消除客户疑虑,让客户理解		8	
费用说明	陪客户至服务接待台落座,针对结算单向客户清晰明了地解释并核对常规、维修、精品、特色收费项目,尊重客户的知情权,消除客户在价格上的疑虑,让客户明白消费、满意而归	2min	10	
	礼貌地请客户核对结算单,并在结算单上签字		2	
	陪同客户至收银处,礼貌地请客户按结算单结账、付款、交接发票和出门证		4	

续上表

评分要点	评分要求与细则	时间要求	考核分值	考核得分
礼送客户	当面取下车辆防护用品,向客户建议下次维护时间,并征得客户同意,张贴维护提醒贴,并介绍预约的好处	5min	6	
	向客户解释回访的目的,征求并确认回访时间,规范礼貌地引导客户上车		4	
	感谢客户光临,礼貌地询问对于本次服务的满意程度,并与客户道别,行目送礼目送客户开车远去		2	
礼仪规范	着装整洁、正确,符合安全工作规范;仪表端庄,表情和蔼可亲,眼神自然真诚	3min	2	
	指引手势规范,姿态正确,自然大方		2	
	吐字清晰,语速适中,语句流畅		4	
小组配合	流程设计完整、流畅		4	
	小组配合默契,任务分工合理		4	
合计		25min	100	

三、评价反馈

1. 自我评价

(1)对本学习任务的学习,你自己满意吗?

(2)你能完整说出结算与交车前需要准备的物料清单吗?

(3)你能够简洁明了地讲解维修费用吗?

(4)你能按照流程及要求独立完成结算与交车的工作吗？
_____

2．小组评价
(1)小组在接到任务之后组内讨论如何完成任务了吗？
_____

(2)小组在完成任务过程中有明确的分工吗？
_____

(3)小组在完成任务过程中组员都积极参与、相互配合吗？
_____

(4)小组在完成任务过程中注重沟通与协调吗？
_____

(5)小组成员在规定时间内按要求完成任务了吗？
_____

3．教师评价
(1)小组综合表现：_____
(2)优势：_____
(3)待提升之处：_____

四、学习拓展

交车过程中会涉及多次营销，作为维修接待员，应抓住营销机会，既可以与客户保持良好关系，又可以推销服务与产品。因此维修接待员的话术应灵活，提供客户需要的服务与产品，如以下案例。

1．案例一
(1)现象：车身划痕或损伤。
(2)话术：车身出现划痕，我们可以免费为该车进行电镀防锈处理，但其外表还存在划痕，为了确保车身美观，建议进行钣喷处理。如果您有意愿，费用将有一定的优惠。如果车辆有保险，车身出现划痕或损伤，最好在保险期内办理出险维修。

2．案例二
(1)现象：发动机舱/底盘预检。
(2)话术：发动机舱内较脏，存在很多杂质、油垢，建议先清洗一下发动机舱蓄电池部分，我们会免费为您检查其功能是否正常，另外为您检查相关的传动皮带与转盘的运转情形。另外,轮胎排水性可能已经损坏,甚至会影响到制动性能,建议对其进行更换。

3. 案例三

(1)现象:发现新故障点。

(2)话术:新的故障点对安全有一定影响,建议您立即更换故障件。故障主要发生在该配件上,为了节省您的时间,建议您此次更换新品。

4. 案例四

(1)现象:养护用品的推荐(客户等候时)。

(2)话术:建议您及时处理该故障(进、排气门积炭),以免影响该车性能。另外,该抗磨剂能延长发动机寿命建议您一起考虑使用。

按照客户要求完成维修后,维修接待员就基本完成了工作。但是还可以多做一些,使客户对维修接待员的关怀体贴产生深刻印象。这不仅不会增加任何额外费用,而且能够获得客户的好感。

在工作过程中,维修接待员可能注意到一些客户尚未察觉的问题,针对这些问题,提出专业建议,可能防止故障重新发生。通常在交付维修车辆时,可以口头或信息卡的形式提出这些建议(包括维修时已经处理过的),例如:

(1)发现离合器盘过早磨损,则建议客户驾驶时不要将脚放在离合器踏板上;

(2)已拧消声器的螺栓;

(3)驻车制动器操纵杆行程大大,这可能导致驻车制动器失灵,已进行调整了;

(4)四个轮胎的胎压都太高,将会加速轮胎磨损,已将轮胎气压调整至规范值;

(5)车辆的备胎气压只有60kPa,现已增加至200kPa,以确保随时能用;

(6)熔断丝盒里已经没有备用熔断丝了,建议买几条备用;

(7)加速/制动/离合器的踏板橡皮已经磨损,建议更换;

(8)变速杆防尘罩已经破裂,车外噪声会由此传入,建议换新;

(9)千斤顶已松,在行李箱内晃荡作响,我们已将其放入固定夹中;

(10)发动机舱盖不能平顺开关,已给其铰链加润滑油;

(11)车内喷洗液喷嘴被车蜡堵住,已将车蜡清除。

以上类似的内容还可以列出很多,多做一些,并且要将已经服务的内容告诉客户,增加客户对企业的好感与信任。

学习任务二　汽车维修接待基本流程

子任务7　跟踪回访

> **学习目标**
> 完成本学习任务后,你应该:
> 1. 能按照客户跟踪回访服务流程规范地完成跟踪回访;
> 2. 能按照维修接待员进行或协助的跟踪回访流程完成进行跟踪回访服务;
> 3. 能运用所学跟踪回访技巧完成忠诚客户跟踪回访,提升品牌形象。
>
> **学习内容**
> 1. 客户跟踪回访服务流程;
> 2. 需要维修接待员进行或协助的跟踪回访;
> 3. 跟踪回访技巧及忠诚客户培养。
>
> 建议学时:6学时

任务描述

小王任维修接待工作已经快一年了,逐渐地了解和掌握了维修接待的各项主要工作,上月起领导将对客户的跟踪回访列为考核的重要指标之一。小王认识跟踪回访是电话回访专员的工作,因而并不重视。在工作总结时,小王收到的客户满意度较差,忠实客户也寥寥无几。

任务分析

对客户进行跟踪回访是企业服务的重要环节,通过跟踪回访可以减少客户投诉、提升客户满意度、培养忠诚客户群体。需了解进行客户跟踪的意义、跟踪回访的流程及相关的技巧、忠诚客户的维护等。

一、知识准备

(一)跟踪回访的作用与职责

跟踪回访是经销商商业活动中最有效的促销手段,是服务质量承诺的有机组成部分。

1. 跟踪回访的作用

完成交车作业、送客户离店并不代表服务结束,这是以下几方面的原因。

(1)汽车维修服务属于频次消费,一次维修的结束并不代表服务的终止。维修接待员通过回访,请客户评价企业的服务情况,表达企业对车主的关心,从而加深客户对企业的印象,增进维修接待员与客户之间的关系。

(2)企业可以通过回访,及时发现服务过程中存在的不足,及时了解客户不满意之处,消除分歧,避免客户将其不满传播,提升客户对企业服务的满意度。

(3)企业通过回访,解答客户在车辆使用过程中的疑问,从而使企业的服务具有主动性,有利于企业培养稳定的忠诚客户群。

(4)企业通过回访,发现新的服务机会,进行新的服务预约,完成企业的各项服务作业。

2. 维修接待员在客户跟踪回访环节的主要职责

维修接待员在客户跟踪回访环节的主要职责如图 2-30 所示。

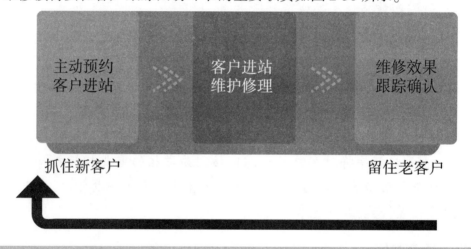

图 2-30　跟踪回访主要职责

(1)根据回访员的回访情况,安排存在维修质量问题的车辆返工作业。

(2)对需要预约的客户安排预约作业。

(3)在约定的时间内,对存在遗留问题的客户、曾经出现过抱怨情绪的客户进行回访,了解客户车辆使用情况,解释客户疑问。

(4)根据客户投诉处理单,处理服务接待权限范围内的投诉事件。

(二)跟踪回访的流程

客户跟踪回访服务流程如图 2-31 所示。

学习任务二　汽车维修接待基本流程

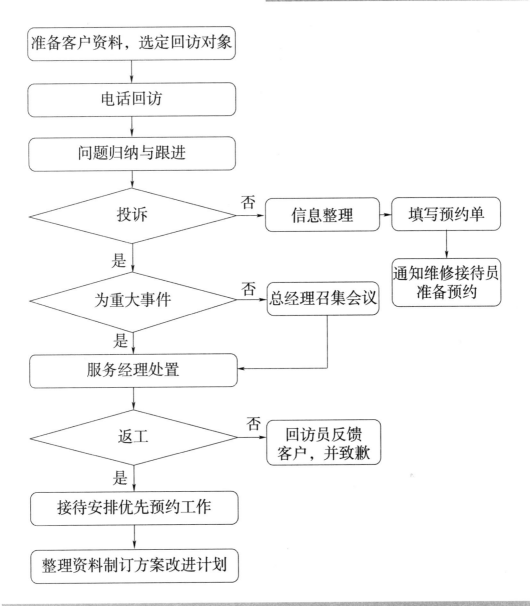

图 2-31　客户跟踪流程图

1. 选定回访对象

（1）维修接待员整理手中的客户资料，估算维护、易损件、定期更换件的到期时间，然后将客户资料交给专职的回访员，回访员对每位维修接待员的资料进行整理、汇总。

（2）回访员在每天回访前整理好客户资料，将客户资料按照离店时间依次排列。需要准备的资料包括：问诊表、委托书、派工单、结算单、回访记录表（表 2-30）和客户抱怨（投诉）处理单（表 2-31）。

回 访 记 录 表　　　　　　　表2-30

日期：_____　　电话回访员姓名：_____　　序号：_____

所选的客户			电话询问的结果							结论			
维修接待员	客户姓名	车型	无不足之处	1维修质量	2服务态度	3服务等待	4休息室设施	5陪同交车	6预约提醒	7其他	客户评述（抱怨、批评、建议、表扬）	回电话	返修	由谁完成
维修时间	电话号码	车牌号码												完成否
1.														
2.														
3.														
4.														
5.														
6.														

（3）回访员筛选和确定回访对象。对重点客户、事故客户、大修客户及有投诉记录的客户，由维修接待员进行100%回访，其他客户由回访员按30%的比例进行回访。

客户抱怨(投诉)处理单　　　　　　　　表2-31

抱怨(投诉人)姓名		联系方式		
车牌号码		车型		
购买日期		行驶里程		
车架号码		发动机号码		
客户抱怨 (投诉)来源	□电话	□官方网络	□现场	□其他
客户抱怨 (投诉)日期				

客户抱怨(投诉)问题：	□质量　　□服务　　□配件　　□销售 □其他

调查结果： 　　　　　　　　　　　　　　调查人：　　　　日期：

处理结果： 　　　　　　　　　　　　　　处理人：　　　　日期：

电话回访结果(不满意问题)：□非常满意　　□满意　　□一般 　　　　　　　　　　　　　　□不满意　　□很不满意

抱怨(投诉)原因分析：

改进措施：

对被投诉者的意见：

2. 电话回访

回访员严格按照电话礼仪的要求,正确问候及称呼对方,询问对方是否有时间回访,语言表达清楚明了,并告知回访所需的大致时间。主要回访类型如下。

1)投诉事件处置

(1)将客户投诉处理单登记编号后,于当天提交经销商售后经理或总经理。

(2)第一时间通知总经理重大事件,由总经理召集会议,并由服务经理召集管理部门协作处置。重大事件通常包括:①涉及金额较大的投诉事件;②可能导致媒体报道或产生较大负面影响的事件。

(3)由服务经理完成客户一般投诉的投诉处理单,并于第二天交回访员;对于需要返工维修的车辆,由回访员通知维修接待员与客户联系,并填写返工通知单(表2-32),由维修接待员与客户进行优先预约,安排返工。

返 工 通 知 单　　　　　表2-32

编号:＿＿＿＿＿＿

时间:	原委托编号:
质检员:	原维修工组:
车牌号码:	现维修工组:
返工原因说明:	
返工安排:	
处理结果:	
车间主管签字:	技术总监签字:
服务经理签字:	总经理/站长签字:

(4)回访员在处置后三天内进行一次回访,记录回访内容,将需要上传厂家的信息整理后上传。

2）一般回访

（1）预约回访员对客户预约信息进行记录，填写预约单交由维修接待员接单。

（2）回访员整理并修订客户资料，联系不上或资料发生变更的要及时告知维修接待员。

3）满意度调查

（1）回访员请客户对企业的服务进行评价，包括整体服务情况、维修情况、维修接待的服务水平、客休区服务、维修价格等方面，并注意做好记录。

（2）了解车辆使用情况，解答客户疑问，并善意引导客户。记录不能解答的问题，并与客户约定反馈时间。

4）投诉处理

如果遇到客户投诉，回访员首先要真诚道歉，然后将客户的投诉内容如实记录到投诉处理单上，并表示对客户的理解，告知客户会立即联系相关人员处理。

3．问题归纳和跟进

1）进行主动邀约

（1）回访员根据客户档案，对近期需要维护的车主进行服务提醒，邀请客户来店维护。

（2）如果企业近期内有促销活动，回访员可以根据客户档案对符合参加促销活动条件的车主进行主动邀约。

2）关爱问候

回访员根据客户档案，在节假日或对客户而言很重要的日期（如生日、结婚纪念日等），对客户进行关爱问候，体现公司对客户的重视及关爱。

4．制订改进计划

（1）回访员根据回访情况，填写回访汇总表，整理回访汇总表、客户投诉处理单和返工汇总表（表2-33）。每周将分析结果发给服务经理和相关人员，并进行装订，保存2年以上。

（2）服务经理对每月的回访情况进行通报，并采用相应的绩效管理机制。

（3）分析原因，要求各环节人员制订整改计划。

（4）进行监督，持续改进。

对制订的改进计划进行跟踪，并了解改进后的情况，制订持续的改善计划。

返 工 汇 总 表　　　　　　　表 2-33

技术总监：_____　日期：_____

日期	工作订单	维修接待员	修理工	内返或外返/不合格现象	不合格类型				措施	完成日期
					清洁	维修质量	工作态度	其他故障		
				合计						

5.定时提醒

(1)整理客户档案。维修接待员整理手中的客户资料,估算维护、易损件、定期更换件的到期时间,然后将客户资料交给专职回访员,回访员对各维修接待员的资料进行整理、汇总。

(2)回访员主动提醒客户定期维护,如联系不上客户,要及时告知维修接待员。

(3)回访员将客户的预约信息进行记录,并通知服务顾问准备服务预约。

(三)需要维修接待员进行或协助的跟踪回访

维修接待员进行或协助的跟踪回访流程如图 2-32 所示。

学习任务二 汽车维修接待基本流程

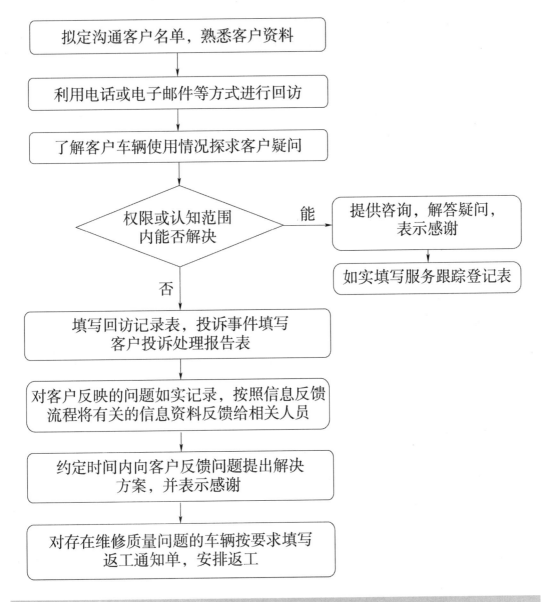

图 2-32 维修接待员进行或协助的跟踪回访流程图

1. 需要维修接待员跟踪回访的客户

跟踪回访是企业服务环节中的重要组成部分,因此很多企业设有信息回访员专门进行此项工作。但是,有时由维修接待员进行回访更能提高客户满意度。

(1) 对未查出故障的客户进行跟踪回访。

某些客户反映的故障不易经常出现,有时维修服务企业会更换部分部件进行试验,由客户继续使用车辆进行观察,在此过程中需要维修接待员按与客户约定的观察周期定期和客户联系,确认故障是否重现。

(2)对大修车辆主动进行跟踪回访。

对进行了大事故维修、总成大修的客户定期进行联系问候,询问车辆使用情况,解答客户疑问,提醒客户定期回厂检查或维护。

(3)对经历过服务失误的客户进行跟踪回访。

维修接待员要和维修服务过程中经历过服务失误的客户及时进行沟通,努力消除客户的不满情绪,避免客户将不满意传播。

2.维修接待员跟踪回访的流程

电话回访的内容要点包括:对客户惠顾再次致谢,征询客户对车辆维修质量和服务的满意程度,可采用让客户选择不满意、较满意、满意和非常满意的方式,也可以让客户分别对维修质量和服务质量进行评分。如果客户选择不满意或比较满意,维修接待员一定要表示歉意,请客户说出不满意的原因,并告知客户自己的处理方案,回访中,还可以有针对性地就某些具体服务情况进行调查,回访结束,应告知客户服务电话,便于客户联系。维修接待员进行服务跟踪回访的工作流程如图2-33所示。

(四)跟踪回访的技巧

跟踪回访技巧如下。

(1)尽量在维修一周内打电话询问客户是否对服务满意。

(2)打电话时,为避免客户觉得其车辆有问题,建议使用标准语言,发音要自然、友善。

①打回访电话要懂得基本维修常识、善于沟通,并注意语言技巧。讲话不要太快,一方面给没有准备的客户时间和机会回忆细节,另一方面避免客户感受到着急情绪。

②不要打断客户讲话,记下客户的评语(批评、表扬)。

③打电话时间要回避客户休息时间、会议高峰及活动高峰期,可在上午的9:00~11:00或下午16:00~18:30进行回访。

(3)如果客户有抱怨,不要找借口搪塞,而要如实记录客户投诉内容,并告知客户反馈时间。

(4)处理投诉意见和客户疑问时,不作职权外的承诺或答应客户职权外的条件。

(5)如果与客户约定了回访时间,维修接待员就要严格遵守约定时间,否则效果将适得其反。

(6)如果维修接待员由于其他原因不能进行回访,需将客户信息告知客服人员。回访的客服人员需要了解具体情况,向客户致歉并积极缓解客户情绪,让客户感受企业对他的关注。

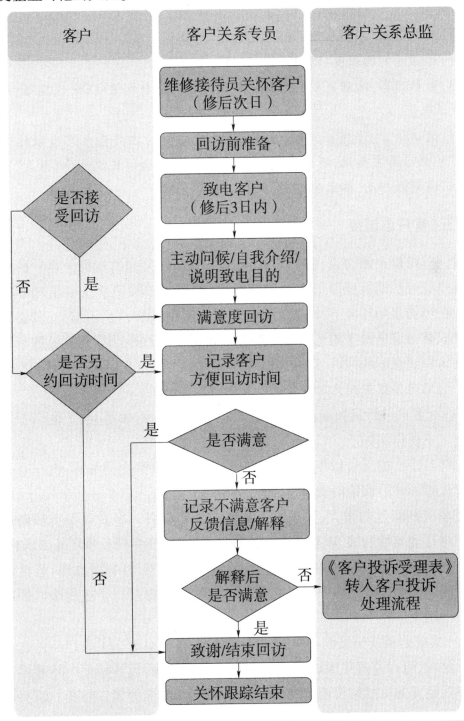

图 2-33　服务顾问跟踪回访流程示意图

> 小贴士
>
> 致电应注意的礼仪如下。
>
> （1）致电时间：不要在他人的休息时间打电话。
>
> （2）通话时间的长度：以短为佳，宁短勿长。
>
> （3）通话内容：简明扼要，长话短说，直言主题，力戒讲空话，说废话，无话找话和短话长说。
>
> （4）通话语言：语言应文明，通话之初，要向受话方首先恭恭敬敬地问一声"您好"！然后再言其他；终止通话预备放下话筒时，必须先说一声"再见"。
>
> （5）通话时态度、举止应文明。

（五）客户忠诚度

对汽车维修企业而言，客户忠诚度是一个十分关键的指标。客户的忠诚度是指客户经过长期沉淀而形成的情感诉求，它是客户在历次交易活动中状态的积累。在当前市场环境下，汽车维修企业仅仅吸引新客户是不够的，其必须把新客户变成有一定忠诚度的老客户。汽车企业提供的汽车产品和服务的卓越品质是提高客户满意度的前提，培养忠诚客户是汽车维修企业追求的工作目标。

1. 利用财务纽带维系客户群

（1）对客户进行量和频次的鼓励，根据客户的购买数量，给予他们不同的价格优惠。主要作用如下。

①将若干次的交易量集中在一次交易中完成，节约交易成本，汽车企业可以将其以优惠形式返回给消费者，实现双赢。

②单次购买量的增大，实现提前消费或消费储备。客户在保持消费量不变情况下进行透支性购买，以防止后续消费过程中，客户受到竞争产品的诱惑。

③量的提高不仅表现在单次交易量，还表现在累计消费量。对累计消费量给予一定的奖励以鼓励客户的忠实行为。如汽车维修接待企业对维修的车辆实行积分卡制度。

（2）集成购买或交叉购买奖励。一般而言，客户对汽车关联产品的购买数量有限。此时，可以通过集成购买或交叉购买，即通过购买其相关产品和服务来提高客户对企业的贡献和价值，如汽车美容装潢、汽车维护等。对客户购买或使用同一品牌产品服务群的行为给予财务上的奖励，是财务纽带交叉购买策略的体现。

(3)较稳定的价格策略。稳定的价格策略,是指在市场价格波动的情况下,企业给予客户的价格都保持在较稳定、合理的区间。该策略在市场销售中运用较多。特别是当汽车产品与服务的价格降低时,应考虑给予近期购买的客户一定的优惠,以保障客户的利益,保持客户忠诚。

2.利用社会和心理纽带维系客户群

社会和心理纽带强调通过不断交易而形成的个人关系对客户忠实度的意义。交易人除了具备交易带来的需求以外,还具备情感需求。情感需求的满足,可以使购买行为的决策者、实施者在对交易获得价值的评估上,增加个人情感的价值。

维修接待员可以通过情感销售为企业创造额外的价值。同时,社会纽带的背后也蕴涵着转换成本。转换成本包括了交易人的熟悉和磨合成本。转换成本与熟悉度、信任度成正比。在多数情况下,客户的忠诚度与企业员工的忠诚度息息相关,提升客户对企业的忠诚度的第一步是提升维修接待员对企业的忠诚度。

3.利用组织结构纽带维系客户群

组织结构纽带的核心思想是通过一定的组织结构与客户形成供应链,成为利益共同体。组织结构既可以是资本纽带,也可以是非资本纽带。企业通过与客户成为利益共同体来实现客户对企业的忠诚,形成利益共同体的方式是与客户共同实现一个目标,是一种伙伴关系。

4.用户纽带

用户纽带涉及对用户个性化需求满足的具体问题。要充分满足客户个性化的需求,就需要与客户形成互动性交流,充分了解客户的问题与需求。维修接待员要鼓励客户与自己共同解决遇到的问题,维修接待员应让客户觉得其获得的不仅是个性化需求的满足,还参与解决其问题的全过程。

二、任务实施

(一)任务目标

(1)按照工作流程标准进行服务跟踪回访工作;
(2)运用所学技巧进行跟踪回访;
(3)结合企业进行跟踪的作业流程准确填写回访客户抱怨处理单据。

(二)准备工作

(1)学生分组(4~5人一组),明确组内分工及职责。

(2)为了更好地完成实战演练任务,准备了以下工具设备、耗材以及表单资料(客户资料、电话、返工通知单、客户抱怨处理单、笔、电脑),请根据任务需要进行选择。

(三)工作内容

1. 电话回访

客户刘先生于 2021 年 2 月 13 日来店做了一次 5 万 km 常规维护,按照公司要求维修接待员需要进行跟踪回访,结合服务接待跟踪回访流程及回访技巧进行现场回访。

1)实施标准

(1)按照跟踪回访流程进行回访;

(2)结合电话礼仪标准对客户进行回访;

(3)询问客户车辆使用情况,探求其疑虑;

(4)能与客户进行良好沟通,体现对客户的关注。

2)注意事项

(1)跟踪回访流程的完整性;

(2)礼仪规范,体现专业性。

2. 处理抱怨来电

刘先生在回访中抱怨其车辆在维护后第二天早上,上班途中车辆仪表出现故障报警灯亮,请结合企业跟踪回访的作业流程准确填写回访客户抱怨处理单据。

1)实施标准

(1)能与刘先生进行良好沟通,充分了解其准确的故障灯显示情况;

(2)清晰抱怨处理流程;

(3)完整准确填写回访客户抱怨处理单据。

2)注意事项

(1)结合客户描述引导客户准确反映故障灯报警信息;

(2)电话沟通过程中注意礼仪规范,体现服务顾问专业性。

能够运用所学知识,结合上述 2 项工作内容进行一次完整规范的回访,并按照跟踪回访评分表(表 2-34)的要求,完成跟踪回访工作并正确填写相关单据。

跟踪回访评价表

表 2-34

序号	评分要点	评分要求	考核时间（min）	考核分值（100分）	考核得分
1	拟定沟通客户名单，熟悉资料	运用所学知识筛选出准备沟通的客户名单以及相关资料	1	5	
2	电话方式回访	电话回访技巧运用得当，能取得预期效果，与客户电话沟通良好	1	5	
3	客户车辆使用情况，探求客户疑问	详细记录用车情况，能引导客户说出疑问，并对客户疑问做出合理解答	3	8	
4	抱怨客户信息填写	正确填写客户车牌、购买日期、车型、行驶里程、联系方式等基本信息，每一项3分	3	12	
5	客户异议信息填写	能按照客户异议处理表格相关要求正确填写质量、服务、配件、销售等信息	3	10	
6	调查结果填写及相关人员签字	能客观记录客户反映的异议事实经过及客户诉求，并记录电话回访过程	2	10	
6	调查结果填写及相关人员签字	处理异议的相关人员确认记录内容并签字	1	5	
7	处理结果填写及相关人员签字	能如实记录客户异议的处理结果，完整且信息正确	5	10	
7	处理结果填写及相关人员签字	记录人和处理人确认处理结果并签字	1	5	

续上表

序号	评分要点	评分要求	考核时间（min）	考核分值（100分）	考核得分
8	电话回访结果	电话中是否体现处理结果,如不能及时给出处理结果的如实记录写出预计处理时间	2	10	
9	异议原因分析	异议发生过程符合事实,对于异议的分析全面	5	10	
10	改进措施	针对客户异议有具体的改进措施,有明确的计划步骤	3	10	
	合计		30	100	

三、评价反馈

1. 自我评价

(1)对本学习任务的学习,你自己满意吗?

_____

(2)你能完整说出企业进行客户跟踪的作业流程吗?

_____

(3)你能按照回访评分表的要求,完成跟踪回访工作并正确填写相关单据吗?

_____

(4)你能独立完成跟踪回访工作吗?

_____

2. 小组评价

(1)小组在接到任务之后组内讨论如何完成任务了吗?

_____

(2)小组在完成任务过程中有明确的分工吗?

_____

(3)小组在完成任务过程中组员都积极参与、相互配合吗?

(4)小组在完成任务过程中注重礼仪规范,并锻炼收集信息能力了吗?

3.教师评价

(1)小组综合表现:_____

(2)优势:_____

(3)待提升之处:_____

四、学习拓展

1.整车包修

某车企将根据以下条款、条件和限制对整车提供包修服务。除相关法律的强制性规定外,还规定了该车企对用户承担的包修责任。

2.包修期

某车企为新车提供了3年或10万km(两者以先到达者为准)的包修期(特殊地区按地方标准执行)。

包修期从新车购买之日(以新车购车发票日期为准)及当时的行驶里程数开始计算。该日期及当时的行驶里程数在三包凭证上注明,并随车交给用户。在包修期间零件的更换,不改变整车包修期,包修更换后的零部件质保期随整车包修期的结束而终止。

3.主要总成包修期

该车企承诺为新能源汽车关键零部件中的高压电池包、驱动电机(TM)、驱动电机控制器(TC)、混动控制单元(HCU)提供8年或者12万km(两者以先到达者为准)的包修期(特殊地区按地方标准执行)。

4.授权政策

该车企仅授权其新能源汽车授权售后服务中心对其新能源产品提供车辆包修。任何有关其新能源产品的车辆包修服务,都应由其新能源汽车授权售后服务中心来完成。

5.包修条件

整车包修条件为:(1)车辆处于包修期内;(2)必须按照维护计划进行维护,包括用户必须进行的每个月至少一次的电池充电均衡操作;(3)用户须出示有效的三包凭证;(4)包修更换下的零部件归该车企所有。

6.包修适用范围

包修适用范围为:

（1）包修范围是对包修期内车辆在材料和制造加工过程中的缺陷实施纠正的过程，包修必须使用该车企新配件或经该车企批准的再制造零件。

（2）如果在包修期内，由于包修范围内的缺陷而造成车辆无法行驶，可将车辆紧急牵引至离客户最近的该车企新能源汽车授权售后服务中心进行包修服务。

（3）如果在包修期内，由于包修范围内的缺陷所造成的车辆修理费用(包括紧急牵引、零部件和工时)将不向客户收取。

7. 不属于新车包修的范围

不属于新车包修的范围如下：

（1）因车辆存放不当造成的损坏或失效，及由此造成的车辆维修。如高压电池包放电、12V 蓄电池放电、外部环境损坏车辆等。

（2）维护件及三包凭证中列出的易损耗件。如润滑油、机油和滤清器、制动衬片、灯泡、轮胎的正常磨损、12V 蓄电池、刮水器等。

（3）不按规定的维护计划进行维护或不按《用户手册》要求使用合适的燃油、润滑剂和冷却液而引起的车辆损坏。

（4）因空中落物(化学物质、树汁、酸雨)、石子、冰雹、雷击、地震、水灾、风暴等引起的车辆损坏。

（5）使用不符合该车企技术规范和质量标准或不适用本车的附件、零部件和车用油液及由此引起的车辆损坏。

（6）碰撞、火灾、偷盗、车祸及交通事故、冰冻、破坏、暴乱、爆炸和外物的撞击或人为故意行为而引起的车辆损坏。

（7）车辆使用或维护未按用户手册说明而引起的车辆损坏。如操作失控、超载和赛车等。

（8）对车辆的加装、改装和对车辆的更改部分(包括车身、底盘、动力系统、电气系统和其他系统等)及由此引起的车辆损坏。

（9）车辆里程表不接或更改车辆里程表读数(不包括该车企新能源汽车授权售后服务中心对车辆实施包修而采取的修理、调整和更换里程表)的车辆。

（10）不属包修范围内的经济损失或额外费用。如因车辆停用的损失、存储损失、时间或工资损失、租车费用、住宿、用餐或其他旅行费用以及其他附带的经济损失等。

（11）在车辆销售后，除法律规定或得到上汽集团批准外，任何为满足当地特殊要求而进行的维修(或)改装部分及由此引起的车辆损坏。

（12）车辆发生问题时，自行处置不当而造成的车辆损坏。

学习任务二 汽车维修接待基本流程

子任务 8　常见维修项目接待

学习目标

完成本学习任务后,你应该:

1. 能说出故障类型车辆问诊思路,按照标准流程进行一般维修类型车辆业务接待;

2. 能针对接待过程中常见问题处理进行解释说明;

3. 能运用 FBI 营销手段进行一般维修项目接待。

学习内容

1. 车辆维护的接待内容及 FBI 营销手段;

2. 接待过程中常见问题处理;

3. 一般故障维修车辆的接待。

建议学时:6 学时

 任务描述

客户王女士购置了一辆大众 polo 新车,不久后由店内的首次维护招揽专员预约进店对该车进行维护,本次接待分派给了该店的维修接待员小杨,在初次接待过程中,王女士提出不懂车、不清楚应该做哪类维护、车辆出现故障维修接待员能否快速解决等问题。

 任务分析

要顺利完成客户根据不同需求进行好每次接待工作,维修接待员应为客户王女士说明车辆维护的必要性,车辆日常维护的内容,并展示出专业的车辆定期维护流程以及一般故障的接待流程,满足客户的差异化需求,提高满意度。

一、知识准备

(一) 汽车维护的接待

1. 汽车维护的必要性

汽车在运行过程中,由于使用时间、承受荷载、行驶速度、道路状况、燃料和

润滑材料的品质、驾驶技术、环境和气温等多种因素的影响,各运动机构和配件将逐渐产生不同程度的松动、磨损和机械损伤。汽车的动力性、经济性、可靠性、安全性等都会随之变差,如不及时进行技术维护,其使用寿命就会缩短。因此,适时、合理地进行维护,使车辆经常处于完好的技术状况下,从而保证车辆安全、优质、高效的运行是非常必要的。

汽车的使用过程中,由于驾驶员驾车方式和汽车行驶条件的不同,对汽车维护的需求也有差异,应根据汽车的品牌、特性、使用时间、配置和使用条件适时进行维护,当使用条件恶劣时需要增加维护频次。因此,必须依据科学的维护方法和技术规范,定期或按里程对汽车进行维护,提前消除故障隐患,保证其始终处于最佳运行状态。

2. 汽车首次维护

首次维护是对汽车进行检查和调整,不同品牌和车型的汽车应按照各自的技术规范要求来进行首次维护。汽车首次维护是根据汽车的使用时间和行驶里程确定的,不同品牌或同一品牌下装配不同发动机的汽车,首次维护的时间和里程不同。有的车型为了使汽车磨合效果更好一些,在出厂的润滑油里添加了磨合剂,但在行驶一定里程或时间段后需要更换。

一般新车按照随车提供的维护手册或电子维护手册中规定的首次维护里程进行首次维护。例如,在正常使用条件下,新车行驶了5000km(或6个月)后应该进行首次维护。

首次维护的项目主要有更换机油、机油滤清器以及各部位的清洁、检查和调整,详见表2-35。

首次维护参考内容 表2-35

项 目	具 体 内 容	要 求
更换	发动机机油及机油滤清器	符合运行条件的机油、机滤
清洁	前风窗玻璃落水槽排水孔	清洁无堵塞
	清洁空气滤清器罩壳和滤芯	
检查 (系统、液面)	冷却系统	确保液面高度、无异常、无泄漏,必要时适量补充
	助力转向系统	
	驻车制动系统	
	风窗玻璃清洗、前照灯清洗系统	

续上表

项目	具体内容	要求
自诊断	读取各系统储存器内是否有故障信息	故障的排除及故障码删除
检查（部位）	转向横拉杆	间隙连接是否牢固
	车身底部：燃油管、制动液管、排气管	损坏、泄漏、固定、牢靠情况
	螺栓：底盘螺栓	按规定扭矩检查并紧固
	发动机舱	固定、密封、损坏或泄漏情况
	变速器壳体	
照明电器	组合仪表的指示灯、车外照明灯、车内照明灯	车身内外照明电器
用电设备	点烟器、喇叭、电动车窗升降机、电动外后视镜和暖风空调系统等	用电设备的使用功能
车轮与轮胎	车轮固定螺栓	按规定扭矩检查并紧固
	轮胎气压、磨损状况	符合规定的气压值、无异常磨损

首次维护是品牌授权服务点做好服务营销的一次重要机会，除了要按照规定的项目和规范进行操作外，还应该做好以下工作：(1)向客户介绍如何更好地使用车辆的各项功能；(2)让客户了解本售后服务点的服务内容和优势；(3)让客户了解将来用车的整个维护计划。

在接待客户的过程当中，要关注客户已经提出的需求，同时也应随时关注客户的心态并做好需求分析，发现客户潜在的需求，抓住营销机会，提升业绩，例如采用FAB法促进营销手段。

FAB法是针对客户需求意向，进行有选择、有目的，按照一定的逻辑顺序，逐条进行阐述，形成完整而又完善的劝说。

(1)F指属性或功效(Feature)，即自己的产品有哪些特点和属性。

(2) A 指优点或优势（Advantage），即自己与竞争对手相比有何优势。

(3) B 指利益与价值（Benefit），即所阐述的优点带给客户的利益。

总之，FAB 法就是将一个产品分别从三个层次加以分析，从"它是什么"到"它能做什么"，最后是"它能为客户带来什么利益"，用来说服或打动客户，促进成交的一种销售技巧。

3. 汽车定期维护的接待

定期维护是指客户以一定的行驶里程或使用间隔时间为依据，定期对汽车进行检查和维护，定期维护可以更好地保证汽车的性能和运行情况。

汽车的技术性能会随着行驶里程的增加以及各种环境因素的影响而发生变化，导致汽车的动力性、经济性和可靠性逐渐变差。由于车辆各易损、易耗件需要更换或补充，客户定期到售后服务点按标准规范对车辆进行维护和检查，可以及时更换易损、易耗件，发现和消除早期的故障隐患，防止故障发生或损坏扩大，恢复车辆的性能指标，提高车辆的完好率，有效地延长汽车的使用寿命。

例如，每隔一定的时间，就应对润滑系统、燃油系统、点火系统等进行维护，否则会引起油耗升高。定期维护的时限一般按照随车提供的维护手册或电子维护手册中所规定的定期维护里程或时限，按时间周期或里程进行维护。

(二) 接待过程中常见问题处理

1. 汽车长时间高速行驶或长途行车前应做的检查

汽车长时间高速行驶或长途行车，各部件都需要长时间、大负荷运转，如果对汽车平时的维护检查不到位，或行驶里程较长，都需要进行比较细致的检查。

除检查车辆各油、水、液（机油、变速器油、防冻液、转向助力油、制动油）是否正常，以及机油、变速器油、防冻液、转向助力油、制动油等是否存在泄漏或渗漏处，还应检查制动管路及其他液体管路的完好情况和布置情况，确保其不松旷、不干涉，检查底盘的重要紧固螺栓是否紧固有效、转向系统的传动连接是否可靠有效、轮胎外观状况及有无破损或老化、胎压是否正常、备胎和随车工具是否齐全完好。此外，对于发动机和变速器的运行情况以及制动系统和转向系统的性能，也需进行检查。

2. 四轮定位

简单来说，四轮定位（图 2-34）是为了保障汽车在行驶、转弯状况下的安全性及稳定性，车辆轮胎安装具有一定的倾斜度（前束和车轮倾角等），以达到最佳行驶的效果，车辆经过一段时间的使用，四轮定位的部分数据出现问题后，驾驶员会感觉到转向盘存在转向沉重、发抖、跑偏、不正、不归位等现象,专业技师需要及时对此数值进行重新检测、调整,确保客户车辆始终处在良好的行驶状态,以减少轮胎、悬架系统零件的摩擦。

图2-34　四轮定位

当然,有些数据出现问题后,驾驶员不会产生任何感觉,等检查时发现轮胎异常磨损时,轮胎已经需要更换了,这会给客户带来不必要的损失,所以维修接待员应建议客户根据自己爱车的使用情况,适时到汽车品牌售后维修服务网点调整四轮定位。

3.轮胎动平衡与轮胎换位

如果汽车的驱动方式为前驱,则前轮负荷大于后轮,其行驶一定里程后,各不同部位的轮胎在疲劳和磨损程度上就会出现差别。因此,维修接待员应建议客户根据行驶里程数或道路情况适时地进行轮胎换位(图2-35)。

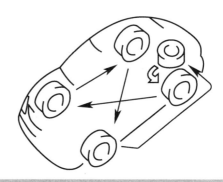

图2-35　轮胎动平衡与轮胎换位

由于道路情况复杂,道路上任何情况都可能对轮胎及钢圈产生影响(如碰撞路肩,高速通过坑洼路面等情况)。因此,维修接待员应建议客户在轮胎换位的同时做轮胎动平衡(图2-35),特别是在车辆出现高速行驶抖动的现象时。

4. 轮胎修补

当轮胎被异物穿刺时,首先应该检查轮胎受损的部位及损伤程度,根据实际情况确定维修方案。如果轮胎的侧面或胎面被异物穿刺孔的直径较大,此时为了客户的安全,维修接待员应建议客户更换轮胎而不应采取补胎。如果对这种轮胎进行修补,会极大地增加车辆行驶爆胎的风险,为了保证行车安全,各品牌授权的维修网点一般不提供补胎服务。

小贴士

目前市面上补胎方法大致可分为以下两大类:外补法和内补法,而内补法又细分为冷补法(内补或粘贴补)、热补法(俗称火补)、蘑菇钉法和自动补胎液法。

冷补法,将轮胎从轮辋上卸下,找到破口并将破口周围的异物清理后,从轮胎内部贴上专用的补胎胶片,从而完成补漏。其特点是可以对较大的创口进行修补,但存在不耐用,经过一段时间的水浸或高速行驶之后,修补处可能有再次漏气的现象。

热补法,又称火补,与冷补法类似,即将专用的胶片贴附于破口,但多出需要用烘烤机对破口进行烘烤的步骤,直到胶片融化后与破口黏合。其特点是耐用,创口处不会重复漏气,但对施工时的技术要求高,必须用专业机器,避免加热温度对轮胎产生二次损伤。

5. 定期更换发动机传动带和张紧轮

传动带和张紧轮(图 2-36)是发动机上一对相互配合的旋转件,其随车辆的使用会逐渐磨损或老化,皮带表面变硬,摩擦系数降低,从而使运转时会产生噪声,当发动机负荷突然增大或高速运转时,传动带可能断裂,这将会对发动机和驾驶员的安全造成非常严重的后果,因此维修接待员应建议客户严格按用户手册的规定定期更换传动带与张紧轮。

6. 防冻液缺少

防冻液(图 3-37)缺少实际上是一个比较严重的问题,如果损耗过快,表明可能存在泄漏故障,要检查维修,防冻液亏损加水主要有两点不妥之处。

(1)加水会稀释防冻液,从而改变或降低防冻液的防冻能力;

(2)加水会导致带入杂质,使防冻液变质或冷却液管道堵塞。所以,防冻液出现亏损时不可加水,如果外界温度在冰点以上,为了保证汽车正常行驶,可以添加纯净水或蒸馏水。因此,要在外界温度低于冰点之前更换防冻液,如果情况紧急且条件有限,需要应急处理(如汽车在野外行驶),只能找到自然水添加时,应在事后尽快清洗冷却系统,更换防冻液,以免产生水垢,堵塞冷却液管道。

图2-36 发动机传动带和张紧轮

图2-37 防冻液

7. 风窗玻璃清洗液的作用

专用的风窗玻璃清洗液(图2-38)具有清洗效果好、不易结冰、无腐蚀性等优点,所以维修接待员应建议客户尽量使用风窗玻璃水清洗,尤其是在冬天,用水清洗可能造成结冰,损坏喷水系统的零部件。而夏季长期用水清洗也会使喷水系统内形成水垢、出现锈蚀等,导致清洁效果变差,且有可能给驾驶带来危险。

8. 定期清洗空调蒸发箱

汽车内部空间相对较小、较为潮湿,因此蒸发箱(图2-39)容易滋生细菌,此外,车内烟气,人体汗气,灰尘等都在潮湿的蒸发器表面聚集,容易产生异味,空调系统内部环境潮湿,使细菌、病菌(螨虫、葡萄球菌、流感病毒、乙肝病毒等)大量滋生,这些有害物质随着空气在车内循环,通过呼吸系统进入人体,不利于乘车人的身体健康。

图2-38 风窗玻璃清洗液

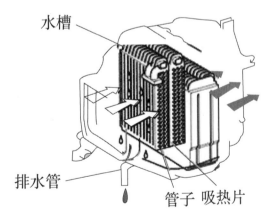

图2-39 空调蒸发箱

作为汽车维修接待员,如果能够较全面地掌握好类似的车辆维修、维护知识,并能用通俗易懂的方式向客户作好解释说明,不仅能够为客户的用车提供保障,还可以提高维修企业的经济效益。

(三)一般故障维修车辆的接待

对于有一般维修需求的车辆来说(主要是指那些不涉及事故车辆的维修),除了做常规维护外,到售后维修服务点的目的还有可能是保修、召回、技术升级,或者需要技师提供支持或必要的诊断才能决定维修项目等情况。

与定期维护时的接待不同,此类接待一般需要维修接待员与客户商议制订合适的维修方案。因此,通过预检和问诊能更加明确客户需求,更迅速地制订有针对性的解决方案,同时有针对性地实施服务营销。

1. 维修方案说明专项练习

与客户沟通是为了成功地说服客户,并就某一问题与客户达成共识,因此,在与客户沟通时要遵循原则和应用交流技巧。

首先要明确客户的需求,鼓励和引导客户表达自己的想法,通过分析、归纳客户信息,提炼出客户的主要需求,针对客户需求,结合实际情况,提出能够为客户着想的、具有吸引力的最佳维修方案。

其次是说服客户接受解决方案,结合本公司的情况,说明这种方案能够带给客户的利益,使客户相信其能够得到更省钱、更省时、更方便、更舒适、更安全和更可靠的服务。

此时,可运用FBI营销手段为客户提供服务,话术如下:

(1)F:我们这套方案是由专业技师制订的,符合工作要求,很适合您的车辆。

(2)B:这样的方案可以保证修好您的车辆,恢复车辆的性能。

(3)I:采用这个方案,您的车辆可以被很快修好,您就可以放心驾驶了。

如果客户有不同意见,维修接待员也要表现出友好的态度,正确对待客户的疑虑,在处理客户的疑虑时应带有诚意,并站在客户的立场上,理解和尊重客户的想法,以收到好的沟通效果,对于情绪激动的客户要平和对待,避免与客户发生争执。

2. 情境练习

王女士来店反映车辆在行驶时会出现转向盘(图2-40)异响,汽车转向时,该响动更严重,类似橡胶摩擦的声音,目前是冬天,客户车辆已经过保修期,经技师检查,故障原因为防尘套(图2-41)老化并和转向柱(图2-42)摩擦,建议立刻更换转向柱防尘套。

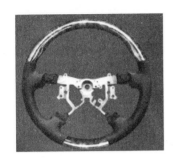
图2-40 转向盘

图2-41 防尘套

图2-42 转向柱

请根据以上情境来实施服务顾问任务的练习,要求根据任务进行小组角色扮演(主要角色为服务顾问和客户),练习案例中的接待任务。练习要点如下:

(1)与客户确认故障现象;

(2)向客户解释故障原因,说明故障给客户带来的安全隐患,以及问题解决的必要性;

(3)向客户说明解决问题的方案,同时要突出技师解决问题的专业性和配件的质量保证;

(4)向客户报价并说明预计完工时长及取车时间,包括工时费、材料费和总计费用;

(5)应对客户提出的问题,例如是否可以优惠、能否提前交车等;

(6)待客户同意维修方案后签订维修工单并送客户到休息区等候,如果客户不同意维修,尽量采用适当的营销技巧促成交易,如果客户坚持,对涉及安全行车的项目要尽到告知义务,必要时签署免责协议。

> **小贴士**
>
> 所谓纸上谈兵,只不过是想想而已,最好的办法就是实践。将自己生活、工作中所有遇到的困难,都事先分析出来,然后用头脑风暴的方法,将自己觉得可行的方法写在纸上,然后将最后的方法提炼出来,形成一个整体的方案,然后按这个方案实行下去,实践过程中不断收集相关数据,然后进行分析总结,多分析多总结多实践,你的能力自然而然就提升了。

(四)常见故障问诊案例

1. 案例一

某客户反映车辆无法起动,发动机无法起动,参考问诊引导见表2-36。

参考问诊引导(发动机) 表2-36

参考问诊引导:			
发动机故障灯	亮	不亮	颜色
仪表其他指示灯	亮	不亮	其他显示
行驶里程(公里)			
近期发动机情况	有异常出现	无异常出现	补充情况说明
加注燃油标号情况			
故障出现频率	经常出现	偶然出现	补充情况说明
定期维护情况			
车主驾驶习惯	柔和正常转速	经常高转速	补充情况说明
车辆行驶路段	郊区	城区	城乡接合
车辆驾驶时间	长途	短途	不经常使用
其他异常情况			

2. 案例二

某客户反映车辆在行驶过程中听到左前底部有异响并送修,请根据底盘项目的问诊思路向客户了解并记录故障,参考问诊引导见表2-37。

参考问诊引导(底盘)　　　　　　　　　　　　　　　　表 2-37

参考问诊引导：			
异响出现时车辆处于状态	行驶车速	怠速	加速
异响出现时车辆路面状态	平整	颠簸	其他状态
异响出现时车辆行驶方向	直行	转弯	补充说明
		左转 / 右转	
首次出现异响的时间			
最近一次听到异响的时间			
异响产生的故障频率	持续发生	特别频繁	偶尔发生
异响的部位	前部	车身	后部
近期有无出现事故/剐蹭	出现	未出现	其他情况
报警灯有无亮起	没有	红色	黄色
异响的类型	轰鸣声	敲击声	其他声音
异响产生时车辆状态	冷车	暖车	其他状态
异响产生时有无抖动	无	有	其他情况
异响产生时天气情况	晴天	雨天	雪天

3. 案例三

在车辆行驶过程中仪表板的自动变速器故障警告灯(黄色齿轮形状)有时点亮,一旦自动变速器故障警告灯点亮,自动变速器就进入档位锁止状态,参考问诊引导见表2-38。

参考问诊引导(电气)   表2-38

参考问诊引导:			
仪表面板报警灯	长亮	闪	不亮
仪表其他显示灯	亮	不亮	其他
发动机工况	均匀加速	急加速	其他
发生故障时车辆挡位	前进挡位	空挡	倒车挡
发生故障时车辆情况	冷车	热车	其他
发生故障时道路状况	高速公路	城市	城乡接合
发生故障时故障频率	持续	偶尔	其他
定期维护情况			
其他异常			

二、任务实施

(一)任务目标

(1)能够按照车辆预检流程及要求,与客户一同对车辆进行预检,完成接车环节、车辆检查环节、故障原因确认环节、完成维修工单环节、客户方案说明等环节；

(2)能列举出故障维修类车辆的问诊思路；

(3)能够根据车辆常见维修项目进行综合性接待；

(4)能够结合客户实际情况，按照客户需求高效完成接待工作。

(二)准备工作

(1)学生分组(4~5人一组)，明确组内分工及职责。

(2)为了帮你更好地完成实战演练任务，自行准备了夹板、笔、名片、白手套、车辆防护用品、座椅记忆贴、车辆预检单、常见维修项目接待评分表(表2-38)。

(三)工作内容

1. 车辆预检

客户王女士开着上汽大众polo车来店做3万km维护，同时表示自动变速器故障灯闪烁、水温报警灯亮。所有挡位、均匀加速时换挡冲击大，尤其1~2挡时，车辆行驶一段时间水温超过90℃后出现。请你完成车辆内饰及外观检查，并正确填写车辆预检单。

1)实施标准

(1)与王女士共同完成车辆预检工作；

(2)按照环车检查顺序及要求完成车辆预检工作；

(3)车辆内饰与外观检查项目准确无遗漏；

(4)能与王女士进行良好沟通，体现对客户的关注；

(5)能按照车辆预检单内容认真记录，正确完整地完成车辆预检单的填写，并请客户签字确认。

2)注意事项

(1)注意从客户接待的角度帮助客户消除紧张感，奠定接待基础；

(2)注意礼仪技能、沟通技能、协调技能。

2. 合理问诊

自动变速器故障灯闪烁、水温报警灯亮。所有挡位、均匀加速时换挡冲击大，尤其1~2挡时，车辆行驶一段时间水温超过90℃后出现，制定问诊思路：(1)仪表灯的问询；(2)故障条件的问询；(3)环境条件的问询。

1)实施标准:

(1)从车辆的状况与存在的问题入手;

(2)制订出以上三大问诊思路;

(3)完整且正确地完成车辆问诊表的填写。

2)注意事项:

(1)结合自身技术经验与技师的帮助准确分析车辆故障原因;

(2)确保一次诊断率,提高客户满意度。

3. 维修接待工作

能够运用所学知识,结合客户王女士的实际情况,按照常见维修项目接待评分表的要求,完成常见维修接待工作。

1)实施标准

(1)能完整地按照常见服务顾问流程完成对王女士的接待工作;

(2)在常见维修项目接待过程中能体现良好的礼仪规范及专业性;

(3)能与客户进行良好有效地沟通,关注客户需求;

(4)常见维修项目接待考核评分达到70分以上。

2)注意事项

(1)需按照常见维修项目接待评分表(表2-39)顺序完成接待工作,不要出现漏项、跳项;

(2)接待过程中注意使用礼貌用语及话术的合理性。

常见维修项目接待评分表　　　　表2-39

评分要点	评分要求	时间要求	考核分值	考核得分
(1)接车环节	引导客户指定区域停车,帮客户开门,礼貌地邀请客户下车	2min	2分	
	问候客户,尊称客户姓氏,递送名片并作自我介绍		3分	
	与客户寒暄,适当推销自己和企业		2分	
	请客户出示维护手册、行驶证和车钥匙,提醒客户取走贵重物品		3分	

学习任务二　汽车维修接待基本流程

续上表

评分要点	评分要求	时间要求	考核分值	考核得分
常见维修项目接待				
（2）车辆检车环节	按正确的顺序铺设防护用品，张贴座椅记忆贴，并向客户说明其作用	3min	2分	
	内饰检查：检查驾驶室内主要项目，并记录检查情况		8分	
	外观检查：按顺时针顺序检查车辆左前方、正前方、发动机舱内部、右前方、右后方、正后方、后备厢内部、左后方		15分	
（3）故障原因确诊环节	根据客户故障描述确认车辆故障原因	5min	10分	
	问诊思路：(1)仪表灯的问询(2)故障条件的问询(3)环境条件的问询		15分	
（4）完成维修工单环节	制定合同工单（客户与车辆基本信息）	2min	5分	
	准备取车凭证交于客户并做解释说明		2分	
（5）客户方案说明环节	制定并向客户说明工作方案	3min	8分	
	询问客户需求并进行需求分析，提升产值及客户满意度		5分	
（6）维修增项作业环节	增项的说明解释（维修增项、精品增项、特色服务增项等）	3min	3分	
	向客户说明维修价格，打消客户疑虑；并向客户进行维修进度汇报		2分	
（7）质检与交车准备环节	准备交车单据（维修工单、增项单、结算单等）	2min	3分	
	对所有的维修项目、故障是否解决等情况自行检查，验收合格准备交车		2分	

续上表

评分要点	评分要求	时间要求	考核分值	考核得分
常见维修项目接待				
（8）结算交付	旧件展示,陪同客户顺时针验收车辆,讲解所有维修项目情况,并当面摘取防护用品	5min	5分	
	与客户约定回访时间,并提醒下次维护时间及里程数,征得客户同意张贴维护提示贴		2分	
	陪同客户至收银台结算,结算完成后移交车钥匙、结算单等,送客户上车并致谢送别		3分	
合计		25min	100分	

三、评价反馈

1. 自我评价

(1) 对本学习任务的学习,你自己满意吗？

_____

(2) 你能完整说出常用维修项目的8大流程吗？

_____

(3) 你能按照流程独立完成对客户的接待工作吗？

_____

(4) 你能结合案例制定出以上三大问诊思路,提高工作效率吗？

_____

2. 小组评价

(1) 小组在接到任务之后组内讨论如何完成任务了吗？

_____

(2) 小组在完成任务过程中有明确的分工吗？

_____

(3) 小组在完成任务过程中组员都积极参与、相互配合吗？

_____

(4)小组在完成任务过程中注重礼仪规范与沟通协调吗？
_____

(5)小组成员在规定时间内按要求完成常用项目接待工作了吗？
_____

3．教师评价

(1)小组综合表现：_____
(2)优势：_____
(3)待提升之处：_____

四、学习拓展

常见维修项目中话术参考如下。

(1)积炭对车辆的影响。燃油消耗增高，动力性下降，冷起动困难，行驶中易熄火，排放恶化。油路养护套装使用后让燃油供给更顺畅，有效提高发动机的动力性，并且清洗过后更节油，从经济性和用车舒适性考虑，我建议你做一个油路清洗。

(2)制动油按时更换好处。制动油在使用时会吸收空气中的水分使其沸点降低，刹车油具有吸水性，易产生气泡，长时间使用会产生大量杂质使制动液变黑，影响制动效果。

(3)制动深度维护好处。制动系统的工作环境比较恶劣，长期处于灰尘和多水分的环境，灰尘和水分通过胶套缝隙进入导管和活塞表面，时间久了形成黏稠物附着在套管和活塞表面，阻碍活塞运动，导致刹车灵敏度下降，严重影响用车安全。

(4)各地区4S店的工时费差异。因为各地区的行业规定、物价水平不同，所以各服务厂工时会略有不同，所有收费标准都经过国家相关部门的严格审批，如果您有什么价格上的疑问请及时询问，我们会给您满意的答复。请您放心。

(5)维修等待时间长。有些维修项目需花费较多人力、时间去试车、排除。所以有些时候会使您的等待时间过长，同时为了缓解这个问题，稍后会告知技师为您爱车尽快做维修。

(6)维修费用高。我们公司是维修一类企业，工时费的收取根据汽车辖区汽车行业管理处，以及物价局三者共同制定的，配件则为原厂配件，价格全国统一，所有维修技师都经过培训，维修质量有保证。在我们这里修车和外面私人的小型维修厂相比，我公司在品质与服务上都是专业的、一流的，您在我们这里花几百元做个全车维护,就是买了5000km的放心承诺,我们对所做的一切都有质量担保。

(7)维护后不久出现问题。由于这些问题给您造成不便,我们表示非常抱歉。我们会立刻对您的车进行检测,由于造成出现故障的原因有很多,在检测结果出来之后,我们会尽快给您一个满意的答复和解决方案。

(8)同样问题多次维修。抱歉给您造成的不便,我们会对您的车再做一个全面检测,请放心,您会在最短时间内得到圆满答复。

(9)油耗比使用手册上高。对您的疑问,我们很能理解。使用手册上的百公里油耗是一个理论油耗值,是指在合理的时速良好的路况下,驾驶时所得到的值。在您实际驾驶过程中,实际的驾驶条件与理想中有很大的差异。

(10)油耗比其他车主高。不同路况:市区,高速;不同使用情况:载重,胎压;以及不同的驾驶习惯:急加速;急刹车都会增加燃油消耗,如排除以上原因,仍觉得燃油消耗明显偏高,请及时到4s店检查。

(11)驾驶室有汽油味。①活性炭罐吸附能力降低,导致少量油蒸汽散发到发动机舱内;②当开启外循环时油蒸汽会被吸入驾驶室内。

(12)刚起动时发动机转速高,几分钟后恢复正常。①刚起动时,混合气浓,排放污染物多.发动机温度也低,运行不够平稳;②为保证发动机工况稳定,同时达到正常的排放标准,起动后发动机控制单元会提高转速使各工作部件(如氧传感器、三元催化器)快速达到工作温度,无论是冷起动还是热起动,属于正常现象。如长时间怠速过高,请到4S店检查。

学习任务三　汽车维修接待服务工作

子任务1　汽车保险理赔服务

学习目标

完成本学习任务后,你应该:

1. 能够按照来电报案沟通标准流程和话术指导客户报案;
2. 能够按照汽车保险理赔流程与事故车辆的接待要求,协助客户进行车辆的保险理赔;
3. 完成保险理赔车辆接待流程。

学习内容

1. 汽车保险常见险种;
2. 汽车保险理赔流程;
3. 汽车保险理赔车辆业务接待流程。

建议学时:6学时

任务描述

王先生汽车的后保险杠及右后翼子板损坏。其拨打4S店电话咨询如何报保险维修,作为一名专业的维修接待员,你将如何指导王先生进行车险报案,并负责该事故车辆到店后维修接待工作呢?

任务分析

要顺利完成客户到店接待工作,你需要做好与客户的沟通、安抚与引导工作,先让客户冷静下来,然后再询问详细的事故相关信息和客户保险信息,耐心指导客户处理事故。事故车辆到达4S店后,要按照业务接待的标准流程进行客

户接待，核对车辆保险信息及各项资料。事故车辆维修完毕，维修接待员应整理好维修作业单据，准备好理赔资料，协助客户提交保险公司。

一、知识准备

（一）认识汽车保险理赔

随着经济社会的发展，社会对保险的认可度越来越高，保险越来越成为居民生活和企业生产的"必需品"。特别是随着机动车的普及，汽车保险已经成为车主的"日用品"。对于车主来说，车辆发生事故后，通过汽车保险理赔，可以从保险公司获得补偿，以弥补财产损失或人员伤亡费用支出等。所以汽车保险理赔对于社会的稳定发展起着积极的作用。

1. 汽车保险的定义

汽车保险（机动车辆保险），简称车险，是以机动车辆本身及其第三者责任等为保险标的的一种运输工具保险。其保险客户，主要是拥有各种机动交通工具的法人团体和个人；其保险标的，主要是各种类型的汽车，但也包括电车、电瓶车等专用车辆及摩托车等。

2. 购买汽车保险的目的

车主购买车险主要目的是规避风险，花较少的保费来避免更大的经济损失。购买汽车保险目的有：(1)可以使自己车辆避免损失；(2)能防止不慎造成他人损失时，及时给他人以经济补偿；(3)能获得免费保险增值服务，如免费道路救援等。

3. 汽车保险的类型

汽车保险主要分为商业险和交强险两大部分。

其中，商业险分为主险（又称基本险）和附加险。主险包括机动车损失保险、机动车第三者责任保险、机动车车上人员责任保险共三个独立的险种，投保人可以选择投保全部险种，也可以选择投保其中部分险种。附加险包括绝对免赔率特约条款、车轮单独损失险、车身划痕损失险、发动机进水损坏除外特约条款、医保外医疗费用责任险、机动车增值服务特约条款、法定节假日限额翻倍险、新增加设备损失险、修理期间费用补偿险、车上货物责任险、精神损害抚慰金责任险等。附加险不能独立投保，附加险条款的法律效力优于主险条款。

1)交强险

(1)交强险的定义。

交强险的全称是机动车交通事故责任强制保险,是由保险公司对被保险机动车发生道路交通事故造成受害人(不包括本车人员和被保险人)的人身伤亡、财产损失,在责任限额内予以赔偿的强制性责任保险。

(2)交强险的保费。

交强险保费实行全国统一的收费标准,但是不同型号的汽车,其交强险价格也不同,主要影响因素是"汽车座位数"。交强险新费率浮动系数,根据各地交强险综合赔付率水平,在道路交通事故费率调整系数中引入区域浮动因子,浮动比率上限为30%,下限为60%。

(3)交强险的赔偿限额(表3-1)。

交强险赔偿限额表(2020版)　　　　　　　　　　表3-1

限额类别	情况类别		
	死亡伤残	医疗费用	财产损失
有责任的限额	18万元	1.8万元	0.2万元
无责任的限额	1.8万元	0.18万元	0.01万元

死亡伤残赔偿项目有丧葬费、死亡补偿费、受害人亲属办理丧葬事宜支出的交通费用、残疾赔偿金、残疾辅助器具费、护理费、康复费、交通费、被扶养人生活费、住宿费、误工费,被保险人依照法院判决或者调解承担的精神损害抚慰金等。

医疗费用赔偿项目有受害者医药费、诊疗费、住院费、住院伙食补助费、必要且合理的后续治疗费、整容费、营养费等。

(4)购买交强险的原因。

交强险是一种强制性责任保险,国家法律规定投保人或被保险人必须投保。机动车如果不投保交强险,就不允许上牌、上路行驶和年检等。

2)机动车损失保险

(1)机动车损失保险的定义。

机动车损失保险(简称车损险)是指被保险人或被保险机动车驾驶人在使用被保险机动车过程中,因遭受保险责任范围内的自然灾害、意外事故,造成被保险机动车本身损失,保险人依据保险合同的约定负责赔偿。

保险期间,若被保险机动车被盗窃、抢劫、抢夺,经出险地县级以上公安刑侦部门立案证明后,满 60 天仍未查明下落的全车损失,以及因被盗窃、抢劫、抢夺受到损坏造成的直接损失,且不属于免除保险人责任的范围,保险人依照本保险合同的约定负责赔偿。

发生保险事故时,被保险人或驾驶人为防止或减少被保险机动车的损失所支付的必要且合理的施救费用,由保险人承担。

(2)购买车损险的原因。

购买车损险的原因如下。

①刚取得行驶证的驾驶人,相对较容易发生交通意外。

②车损险包括机动车全车盗抢、地震及其次生灾害、玻璃单独破碎、自燃、发动机涉水、不计免赔率、无法找到第三方特约等保险责任,其保障较全面,性价比较高,可省去较高的维修费用。

3)第三者责任险

(1)第三者责任险的定义。

第三者责任险指被保险车辆因意外事故致使第三者人身伤亡或财产受损,保险人对于超过交强险各分项赔偿限额以上部分予以赔偿的保险。第三者责任险按照赔付额度来进行投保。赔付额度范围最低 10 万,最高 1000 万,各保险公司根据赔付额度范围内设不同档次,每个档次对应的保费有差别。

(2)购买第三者责任险的原因。

购买第三者责任险的原因如下。

①不幸撞到豪车或致人重伤,赔偿可能高达上百万,投保第三者责任险,保险公司可以赔付交强险限额以上的部分。

②结合当地死亡赔付金额,一般建议保障额度选择 100 万以上。

4)车上人员责任险

(1)车上人员责任险的定义。

车上人员责任险通常称为"座位险"。是指保险期间内,被保险人或其允许的驾驶人在使用被保险机动车过程中发生意外事故,致使车上人员遭受人身伤亡,且不属于免除保险人责任范围,依法应该对车上人员承担的损害赔偿责任,保险公司依照本保险合同约定负责赔偿。车上人员责任险分为司机险和乘客险。

(2)购买座位险的原因。

为更好地保障自身和本车乘坐人员安全。

5）车身划痕损失险

（1）划痕险的定义。

对于无明显碰撞痕迹的车身划痕损失,保险公司按照条款规定赔偿。例如车辆在停放期间被人用尖锐物划伤。投保了机动车损失保险的机动车,可投保本附加险。

（2）购买划痕险的原因。

新车或新手,建议购买。

6）机动车增值服务特约条款

（1）增值险的定义。

本特约条款包括道路救援服务特约条款、车辆安全检测特约条款、代为驾驶服务特约条款、代为送检服务特约条款共四个独立的特约条款,投保人可以选择投保全部特约条款,也可以选择投保其中部分特约条款。保险人依照保险合同的约定,按照承保特约条款分别提供增值服务。投保了机动车保险后,可投保本特约条款。

（2）购买增值险的原因。

具有规范和丰富的车险保障服务,方便被保险人。

7）附加绝对免赔率特约条款

（1）附加险的定义。

被保险机动车发生主险约定的保险事故,保险人按照主险的约定计算赔款后,扣减本特约条款约定的免赔。即:主险实际赔款 = 按主险约定计算的赔款 × (1 − 绝对免赔率)。绝对免赔率为5%、10%、15%、20%四档,由投保人和保险人在投保时协商确定。

（2）购买附加险的原因。

投保该险种将导致保费降低,出险时将按约定进行免赔,投保人可根据个人驾驶水平和经济情况购买档次。

8）发动机进水损坏除外特约条款

（1）发动机进水损坏除外特约条款的定义。

发动机进水损坏除外特约条款也称作"涉水险",是指在使用过程中,因发动机进水后导致的发动机的直接损毁,保险人不负责赔偿。投保了机动车损失保险的机动车,可投保本附加险。

（2）购买发动机进水损坏除外特约条款的原因。

投保该险种,将导致保费降低。投保人可根据个人驾驶水平和经济情况购买。

4. 机动车商业保险的险种变化

2020版保险新规出台，与2014版的机动车商业保险险种相比有较大变化（图3-1），主要变化为险种的增加、险种的保留、险种的并入三个方面。

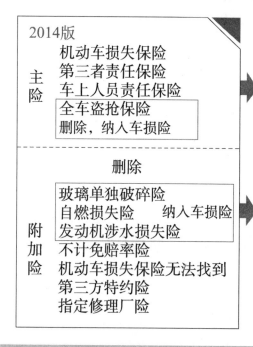

图3-1 机动车商业保险险种的变化

（1）险种的增加。

2020版增加了五个附加险，分别是附加医保外用药责任险、附加绝对免赔率特约条款、附加车轮单独损失险、附加发动机损坏除外特约条款、附加机动车增值服务特约条款。

（2）险种的保留。

2020版保留了2014版中的六个附加险，分别是附加新增加设备损失险、附加车身划痕损失险、附加修理期间费用补偿险、附加车上货物责任险、附加精神损害抚慰金责任险、附加法定节假日限额翻倍险。

（3）险种的并入。

2020版将七个险种并入了车损险，分别是盗抢险、自燃损失险、发动机涉水损失险、不计免赔率险、机动车损失保险无法找到第三方特约险、指定修理厂险、玻璃单独破碎险。

5. 常见汽车保险公司

常投保的汽车保险公司名称见表3-2。

部分汽车保险公司信息　　　　　表 3-2

公司名称	图标	报案电话
中国人民财产保险股份有限公司	PICC 中国人民保险公司	95518
中国平安保险(集团)股份有限公司	中国平安 PINGAN 保险·银行·投资	95511
中国太平洋保险(集团)股份有限公司	太平洋保险 CPIC	95500
中国人寿保险股份有限公司	中国人寿 CHINA LIFE	95519
中国太平保险集团有限责任公司	中国太平 CHINA TAIPING	95589
中华联合保险集团股份有限公司	中华保险 CHINA INSURANCE	95585
阳光保险集团	阳光保险集团 Sunshine Insurance Group	95510
永诚财产保险股份有限公司	永诚保险 ALLTRUST INSURANCE	95552

6. 汽车保险理赔的定义

汽车保险理赔是指被保险机动车发生保险责任范围内的损失后,保险人依据保险合同对被保险人提出的索赔请求进行处理的行为,是体现保险职能和履行保险责任与义务的直接体现。简单地说,理赔就是"有理由的赔付",理赔就是索赔申请、审核、给付的全过程。

7. 汽车保险理赔的特点

汽车保险理赔特点如图 3-2 所示。汽车保险理赔工作人员必须了解并掌握这些特点,这是做好汽车保险理赔工作的前提和关键。

(1) 被保险人的公众性。

汽车保险理赔的公众性是指被投保人(被保险人)的公众性。以前,我国汽车保险的被保险人以单位、企业为主,但是,随着私家车辆的逐年增加,被保险人中单一车主的比例显著增加。这些被保险人的特点是他们购买保险具有较大的被动性,加上文化、知识和修养的局限,他们对汽车保险、交通事故处理、车辆修理等缺乏认识。同时,由于某些原因,查勘定损和理算人员在理赔过程中与其车主交流存在较大障碍。

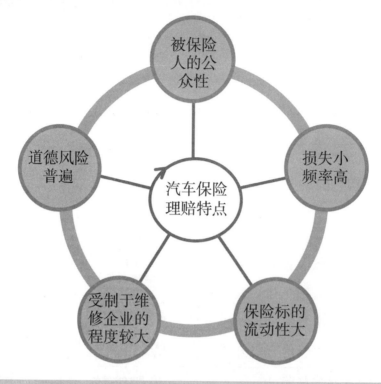

图3-2 汽车保险理赔特点

(2)损失小、频率高。

虽然汽车保险的事故损失金额一般较低,但是其发生频率高。保险公司在经营过程中需要投入的精力和费用较大,有的事故金额较低,但是,仍然涉及对被保险人的服务质量问题,保险公司同样应予以足够的重视。另一方面,虽然个案的赔偿金额并不高,但是个案积少成多后也将对保险公司的经营产生重大影响。

(3)保险标的流动性大。

与飞机、火车、轮船等具有固定运行线路交通工具相比,汽车的特征之一是它的灵活性和流动性。这也决定了汽车保险理赔具有很大的流动性。标的车辆发生事故的时间、地点不确定,要求保险公司必须拥有一个运作良好的服务体系来支持理赔服务,必须要有全天候的报案受理机制和庞大而高效的检验核算网络。

(4)受制于维修企业的程度较大。

汽车维修企业在汽车保险理赔中扮演重要角色。汽车维修企业的修理价格、工期和质量均直接影响汽车保险的服务。大多数被保险人在发生事故之后，均会及时向保险公司报案，并交由保险公司全权负责后续维修事宜。一旦因车辆修理质量或工期，甚至价格等出现问题，被保险人可能将保险公司和维修企业一并指责。而事实上，保险公司在保险合同项下承担的仅仅是经济补偿义务，对于事故车辆的修理以及相关的事宜并没有义务负责。

(5)道德风险普遍。

汽车保险标的具有流动性强、户籍管理中存在缺陷、保险信息不对称等特点，以及汽车保险条款不完善,相关的法律环境不健全及汽车保险经营中的特点和管理中存在的一些问题和漏洞,使不法之徒有可乘之机,汽车保险欺诈案件时有发生。

8.汽车保险理赔的原则

汽车保险理赔涉及面广、情况复杂,因此,在理赔过程中,一定要坚持以下必要的原则：

(1)服务客户,实事求是；

(2)重合同,守信用,依法办事；

(3)坚持"主动、迅速、准确、合理"八字方针。

(二)汽车保险理赔流程

汽车保险理赔业务一般流程可分为车主索赔和保险公司理赔两部分。

1.车主的保险索赔流程

车主索赔流程主要有：出险→报案→提出索赔请求→现场处理→配合查勘→提交索赔材料→赔案审核→领取赔款,具体如图3-3所示。

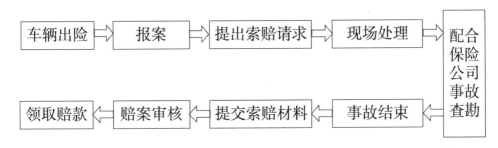

图3-3 汽车保险理赔基本流程(车主端)

2.保险公司的理赔流程

保险公司理赔流程主要有：出险→报案受理→查勘→定损→核价→核损→

立案→赔款理算→核赔→支付,具体如图3-4所示。

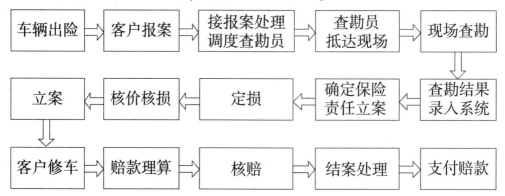

图3-4 汽车保险理赔基本流程(保险公司端)

(1)出险。出险是指发生车辆保险事故。

(2)报案受理。一般保险公司要求在保险事故发生后48h内报案。被保险机动车全车被盗抢的,被保险人知道保险事故发生后,应在24h内向出险当地公安刑侦部门报案,并通知保险公司。报案受理是汽车保险理赔工作的第一步,要对报案的内容进行记录,记录的主要内容包括:

①报案人、被保险人、驾驶员姓名以及联系方式等信息;

②出险的时间、地点、原因、经过及出险地是否是第一现场;

③保险车辆损失情况、保险车辆号牌;

④是否涉及第三方车辆,如涉及第三方车辆还需引导报案人向交警报案或附近的交警事故快速处理点处理,同时记录第三方车辆基本信息及受损情况;

⑤保险单证号码。通过保险单证号码可迅速查询该车承保情况、历史赔案记录等信息。

(3)现场查勘。现场查勘是运用科学的方法和现代技术手段,对保险事故现场进行实地勘察和查询,将事故现场、事故原因等内容完整而准确地记录下来的工作过程。

(4)定损。定损主要进行现场查勘定损、保险责任判定及损失预估。损失包括车辆损失、人身伤亡费用、其他财产损失等。

(5)核价核损。核价核损是指对车损、物损案件的查勘定损结果进行审核和确认。核损的主要内容有保险车辆损失、第三者物损、人员伤亡费用、施救费用的审核等。

(6)立案。核损完成后可进行立案环节,并录入预估的赔偿金额。

(7)赔款理算。赔款理算是指保险公司按照法律和保险合同的有关规定,根据保险事故的实际情况,核定和计算应向被保险人赔付金额的过程。理算工作的开展需以被保险人提供的单证为基础。首先核对单证的真实性、合法性和合理性,然后由理算人员对车辆损失险、第三者责任险、附加险及施救费用等分别计算赔偿金额,再缮制赔款计算书。在完成各种核赔和审批手续后,转入赔付结案程序。

(8)核赔。核赔是指保险公司授权范围内独立负责理赔质量的人员,按照保险条款及公司内部有关规章制度对赔案进行审核的工作。核赔工作的主要内容包括:核定保险标的出险原因、损失情况;保险责任的确定是否正确;损失是否正确;赔款计算是否正确。

(9)结案处理。结案处理是指理赔人员根据核赔的审批金额,向被保险人支付赔款、对理赔的单据进行清分并对理赔案卷进行整理的工作。

(10)支付赔款。支付赔款主要是审核支付手续,并支付赔款。

(三)保险理赔车辆业务接待

目前很多汽车经销商、汽车维修商都通过与保险公司签订协议,成为保险公司的代理人。客户可以通过代理人来购买保险,投保车辆出险后直接在指定的专营店进行维修,这种方式快捷、高效并值得客户信赖。

事故车辆的维修工作较为复杂,在理赔过程中时常伴随着客户与保险公司的纠纷,因此对事故车辆维修接待人员的素质要求较高。为方便事故车辆的理赔工作,许多品牌售后服务部都开辟了事故车辆维修接待处,并聘请熟悉事故车的接待、理赔等各项流程,以及对事故车辆的定损理赔等经验丰富,有较强事故车业务拓展能力以及客源关系较好的维修接待员负责事故车辆的接待及索赔工作。

1. 维修接待员接待事故车辆的流程

(1)做好来电报案沟通指引。

由于客户对保险索赔流程的了解不同,当车辆出险时,有些客户会主动和保险公司联系,也有客户会和自己品牌的4S店联系。当客户主动和4S店联系时,维修接待员要做好与客户的沟通安抚与引导工作,首先让客户冷静下来,然后再询问详细的事故相关信息和客户保险信息,以便更好地指导客户进行车险理赔。

维修接待员遇到客户在遭遇事故时打电话来报案或求助时,要从客户给出的信息中判断案件类型,并耐心指导客户妥善处理。发生单方事故时,可直接报保险公司;发生双车事故则应先报交警再报保险公司。如果客户需要拖车服务,维修接待员要确定事故车辆所在的位置及现场人员的联系方式,并及时安排拖车救援。

(2)接待到店事故车。

事故车辆的业务接待也是按照业务接待的标准流程来进行的。

①维修接待员对前来报修的客户要主动迎接和问候。

②与客户一起看车、照相、估价。事故车辆到达维修点后,应按正常流程填写接车单,做好车辆外检,填写车辆外观检查表,对车辆信息、外观、受损部位、行驶里程、油表指示情况等进行检查。检查随车工具并清点登记,在登记完成后提醒客户收取车上贵重物品并登记客户留存在车内和行李舱内的贵重物品。发生大事故的车辆还需登记回厂后散落的部件,对于重点部位最好要拍下进厂照片,登记后让客户签字确认。

③由客户填写出险证明,并请客户提供相应的文件,包括保单证本、出险证明、驾驶证、行驶证、被保险人身份证。路上出险的,还需提供交管部门开具的事故证明。

④客户没有到保险公司报案的,应视情况及时代客户报案。

⑤根据事故状况、客户要求以及保险公司出具的定损单,制作委托维修派工单。请客户确认维修项目,并且在委托维修派工单上签字。

⑥根据车间的修理进度,与客户协商取车的时间,并将时间标注于委托维修派工单上。

⑦将事故车移入车间进行修理。

(3)车辆维修过程中的服务注意事项。

①各工种组长按委托维修派工单登记,登记内容为派工单号、修理内容、维修开始时间、交车时间。

②根据车间维修进度以及维修项目合理安排任务,在委托维修派工单上注明工位号、维修人员。

③在维修过程中需增加维修项目时,应该及时与客户或保险公司定损人员联系,并且做出详细说明。

(4)财务结算服务的注意事项。

①客户报修车辆修复完成后,派工单需有质检员签字再交车给维修接待员。

②将实际维修项目录入系统,并同时录入工位号、维修人员。

③按照约定时间通知客户取车,向客户介绍维修的情况,并请客户验车。

④为客户办理取车手续。客户自己垫付的,需按照结算单上的维修金额交费,告知财务人员开具维修发票;直接与保险公司结算的,则在计算机结算后打印结算清单并请客户签字认可,结算单交由保险公司核查。如客户需要,可以给客户复印件,其他相关资料统一由售后服务部留存。检查客户提供的文件是否齐全、正确、有效。

(5)保险索赔的资料。

①保险公司出具的事故出险通知书;

②车辆事故定损核价单;

③接车问诊单、维修委托书、派工单、材料单、维修结算单等;

④事故车辆维修发票;

⑤被保险人驾驶证、行驶证、身份证复印件等;

⑥事故证明;

⑦保险单正本复印件。

(6)保险结算程序。

①将客户的索赔档案移交给保险内勤,核对手续的完整性,并在整理档案的同时将相关信息记录到保险事故车理赔报表中。

②将保险赔案资料交保险公司审核,留下客户的银行账号。在赔款到账后,根据赔款申请表与财务部逐一核对,经两部门确认无误后存档。

③根据赔案填写支出单据交财务人员审核,待签字确认后通知客户收款。

(7)保险理赔注意事项。

①对于"两无"事故车(无现场、无交警证明或是公安证明),客户无法提供理赔资料的,不能委托代理。

②涉及物损和双方、多方事故的,原则上经销店是不予代办的,但可代跑保险理赔相关手续。遇客户强烈要求可请示售后服务经理和总经理同意后,符合代办条件的由客户垫付维修额的30%~50%,在保险索赔回款后客户先期垫付部分可返还给客户。

③对公安机关交通管理部门出具的责任认定需要认真核对,同时依照相应保险公司的规定留意保险理赔中的责任免赔情况,免赔部分由客户承担。

④车辆修复完成车主未能提供齐全的代赔资料则将预收全额维修款。

⑤保险代办只针对签订代办委赔协议的保险公司,其他保险公司不办理委赔,但可帮助客户代办保险理赔相关手续。

小贴士

维修接待员在给客户代理保险索赔流程时,应根据出险车辆事故类型制订一套从出险、查勘定损、事故车维修到保险代理赔服务的方案。制订工作方案和工作计划是提高工作效率的有效手段。

有了计划,工作就有了明确的目标和具体的步骤,就可以增强工作的主动性,减少盲目性,使工作有条不紊地进行。同时,计划本身又是对工作进度和质量的考核标准,有较强的约束和督促作用。维修接待员每天接待不同类型的客户,在接待前制订各种预案,接待时根据客户和车辆的类型,再制订详细的接待方案,才能更好地提高服务质量,提升客户满意度,并体现自身的业务素质与管理能力。

二、任务实施

(一)任务目标

(1)按照来电报案沟通标准流程和话术,指导客户报案;
(2)按照汽车保险理赔流程,协助客户进行车辆的保险理赔工作;
(3)按照事故车辆的接待要求,完成事故车辆客户的接待。

(二)准备工作

(1)学生分组(3~5人一组),明确组内分工及职责。
(2)为了帮助你更好地完成实战演练任务,准备了以下工具设备、耗材以及表单资料(表3-3),请根据任务需要进行选择。

准备清单列表　　　　　　表3-3

工具、设备名称	作用
实训车辆	模拟企业真实工作场景,更有利于一体化课程学习任务的开展
计算机、DMS	用于建立或完善维修客户电子档案
打印机	用于打印维修派工单、维修结算单

续上表

工具、设备名称	作　用
夹板、笔	体现维修接待员的专业性，便于更好地为客户提供接待服务
环车检查单	记录客户及车辆信息，以及用于车辆内饰及外观检查时如实记录客户车辆情况

（三）工作内容

1. 接听保险报案电话

维修接待员根据王先生拨打4S店电话如何报保险维修情况，请设计一段来电报案沟通话术，完成对王先生的报案指导。

1）实施标准

（1）针对王先生出险来电的心情状态，做好对王先生的安抚工作；

（2）询问王先生详细的事故经过、受损信息、事故类型、车辆保险等信息；

（3）告知王先生发生事故时需及时向保险公司报案，并告知报案方式及流程；

（4）与王先生沟通车辆到店维修事宜；

2）注意事项

（1）客户出险时一般心情紧张、着急，维修接待员接到来电报案或求助时，需注意礼貌耐心地为客户解答疑问、指导客户妥善处理。

（2）有客户出险时会在电话中询问受损部位价格，此时建议维修接待员不在电话中进行报价，告知客户车辆到店进行检查具体受损情况后为客户查询价格。

2. 接待事故车辆

王先生的车辆到店后，维修接待员要按照正常接待流程进行客户接待，核对车辆投保险种及相关理赔资料。事故车辆维修完毕，维修接待员应整理好维修作业单据，准备好理赔资料，协助客户提交保险公司进行索赔。

1）实施标准

（1）与王先生共同完成事故车辆预检工作；

(2)核对事故车辆的保险信息及保单、驾驶证、行驶证、被保险人身份证等相关理赔资料。

(3)联系保险公司人员可拆检受损部位,征得保险公司同意后打印拆检派工单,确认拆检时间;

(4)在拆检后确认维修项目、工时价格、材料价格与库存等;

(5)联系保险公司定损员到店定损,定损完毕后通知王先生签派工单;

(6)在事故车辆维修中每天关注维修进度,及时向王先生汇报车辆维修情况;

(7)在车辆维修完毕,仔细检查车辆维修项目、清洗情况后通知王先生取车;

(8)在维修结束后仔细检查客户索赔档案完备齐全。

2)注意事项

(1)客户的索赔档案是保险理赔的重要资料,维修接待员必须仔细检查核对。

(2)保险事故车辆比一般维修类车辆花费的维修接待时间较长,维修接待员需每天关注车辆维修进度,及时主动地向客户汇报车辆维修情况,提高客户满意度。

三、评价反馈

1. 自我评价

(1)对本学习任务的学习,你自己满意吗?

(2)你能设计来电报案沟通话术,完成对客户的报案指导吗?

(3)你能按照汽车保险理赔流程与事故车辆的接待要求,协助客户进行车辆的保险理赔吗?

(4)你能独立完成保险理赔车辆接待流程吗?

2. 小组评价

(1)小组在接到任务之后组内讨论如何完成任务了吗?

(2)小组在完成任务过程中有明确的分工吗?

(3)小组在完成任务过程中组员都积极参与、相互配合吗?
_____

(4)小组在完成任务过程中注重礼仪规范,并锻炼了沟通表达能力吗?
_____

(5)小组成员在规定时间内按要求协助客户进行车辆的保险理赔,完成事故车辆客户的接待了吗?
_____

3.教师评价

(1)小组综合表现:_____

(2)优势:_____

(3)待提升之处:_____

四、学习拓展

1.无人伤案件双方事故的沟通要点和参考话术

(1)沟通要点。

告知客户立即报保险公司及交警处理,并保护好现场。告知客户报案方式及流程,15min后回访客户。

(2)参考话术。

①"请您不要移动现场,请报交警及××保险公司处理,并在现场等候保险定损人员进行现场查勘。"

②"道路交通事故报警电话为122,保险公司电话为×××××,稍后我会继续和您保持联系。"

2.有人伤案件双方事故的沟通要点和参考话术

(1)沟通要点。

告知客户立即报交警×××及保险公司处理,并保护好现场,将伤者送往医院。告知客户报案方式及流程。联系救援人员到现场,15min后回访客户。

(2)参考话术。

①"请您不要将车辆驶离现场,请报医院、交警和××保险公司,并在现场等候定损人员进行现场查勘。"

②急救电话为120,道路交通事故报警电话为122,保险公司电话为×××××。

③"我们会派人到现场协助您处理,稍后会有人和您联系。"

子任务2 汽车质量担保与索赔

学习目标

完成本学习任务后,你应该:

1. 能够按照汽车质量担保三包政策与保修索赔业务接待流程,为客户解释汽车质量担保内容;

2. 完成客户故障车辆的质量担保与索赔接待工作。

学习内容

1. 汽车质量担保政策;

2. 汽车三包政策;

3. 保修索赔车辆业务接待流程。

建议学时:6学时

 任务描述

2021年3月4日,吴先生来4S店反映其车在颠簸路面行驶时,可以听到车辆右后部有异响声。该车于2020年5月3日购买,已经行驶12333km。作为一名专业的维修接待员,你将如何按照汽车质量担保与索赔业务接待流程,为客户解释汽车质量担保内容,完成客户故障车辆索赔业务接待工作呢?

 任务分析

要顺利完成客户车辆的索赔接待工作,你需要初步判定车辆是否符合三包条件,核对车辆的质保期,根据维修技师对车辆故障部位的检查情况,做好与客户对车辆保修的沟通解释,开具索赔维修项目,按照业务接待的标准流程进行客户接待工作。

一、知识准备

(一)认识汽车质量担保

同其他产品一样,汽车也有质量担保期限,质量担保期也称质保期。不同的

汽车品牌,其质保期的规定也各有差异。

1. 汽车质量担保的定义

汽车质量担保是指汽车产品制造商、销售商、修理商在质量担保期内保证产品持续符合国家相关质量要求,并满足需求方需要的义务。汽车制造厂家一般会给出行驶时间和行驶里程两个质保期的限定条件,且以先达到者为准。在质保期内,用户可在规定的使用条件下使用,车辆由于制造、装配及材料质量问题所造成的各类故障或零部件的损坏(丧失使用功能),经过汽车制造厂家授权维修站检验并确认后,均由汽车制造厂家提供无偿维修或更换相应零件,以确保车辆的正常行驶。

2. 汽车质量担保的目的

汽车质量担保是为具有质量缺陷的产品提供售后服务,这充分体现出保护消费者合法权益,也是支撑汽车三包法的有效实施,提高汽车售后服务质量。出色的保修索赔工作是营销和售后服务赢得市场的重要手段。

3. 汽车质量担保的内容

汽车质量担保主要包括整车质量担保、动力总成质量担保、易损耗零部件质量担保、配件质量担保和汽车维修质量担保(图3-5)。

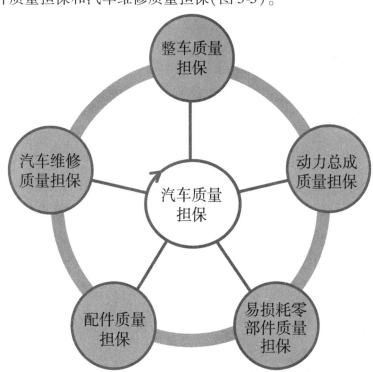

图3-5　汽车质量担保五大类型

(1)整车质量担保。

整车质量担保就是对存在品质问题的零部件(非人为损坏)进行免费更换,如在质保期内或者规定公里数内免费修理速度表、空调等。

整车质保并非都是指整车任何部件都享受同样的质保服务,而是分部件进行质保。一般而言,易损坏或者老化的部件(如电瓶、雨刮、橡胶等)的质保期要短一些,而不易损坏的部件(如发动机缸体等)的质保期要长些。不同的部件有不同的质保期,整车质保不等于所有部件同时期质保。所以整车质量担保的确切的表述应是"整车中质保期限最长的部件"的质保期。

2013年10月1日起施行的《家用汽车产品修理、更换、退货责任规定》中明确规定,家用汽车产品包修期限不低于3年或者行驶里程6万km,以先到者为准。各汽车制造厂家以此规定基础上,根据生产的车型以及市场销售定价等因素,对整车质保期的规定也有差异,有3年/6万km、3年/10万km、5年/10万km等,时间和里程数,以先到为准。

(2)动力总成质量担保。

动力总成指的是车辆上产生动力,并将动力传递到路面的一系列零部件组件,广义上包括发动机,变速器,驱动轴,差速器,离合器等,但通常情况下,动力总成一般仅指发动机,变速器,以及集成到变速器上面的其余零件,如离合器/前差速器等。

动力总成质量担保是主要指发动机总成和变速器总成的保修,如果这两个部件出现质量问题会得到保修,前提是要按维护手册在指定地点(一般是4S店)定期维护,才能得到保修。各汽车制造厂家规定的动力总成质量担保期限有所差异,有5年/10万km、8年/16万km等,时间和里程数,以先到为准。

(3)易损耗零部件质量担保。

汽车易损件是指汽车零件中最容易受损更换的部件。易损耗零部件在其质量保证期内出现产品质量问题的,消费者可以选择免费更换易损耗零部件。易损耗零部件的种类范围及其质量保证期由生产者明示在三包凭证上。易损耗零部件超出生产者明示的质量保证期出现产品质量问题的,经营者可以不承担本规定所规定的家用汽车产品三包责任。

表3-4、表3-5分别列举了两个汽车品牌的易损耗零部件质量担保期。

从表3-4、表3-5看出,易损耗零部件质量担保期限的行驶时间和行驶里程均较短。按照三包国家标准,车辆易损耗件种类不能超出机油滤清器、空气滤清器、空调滤清器、燃油滤清器、刮水器、火花塞、制动衬片、离合器片、轮胎、蓄电池、遥控器电池、普通灯泡、熔断丝及普通继电器这13类范围。不同的汽车品牌所针对的易损件基本相同,都不能脱离国家汽车三包规定,但是对不同的品牌或不同的易损件,其保修期各不相同。

××××易损耗件的种类范围及期限　　　　表3-4

零件明细	质量保证期限（时间/行驶里程）	零件明细	质量保证期限（时间/行驶里程）
熔断丝	2个月/1000km	机油滤清器	6个月/5000km
普通继电器（不含集成控制单元）	2个月/1000km	轮胎	6个月/5000km
刮水器	2个月/1000km	火花塞	6个月/5000km
灯泡	2个月/1000km	离合器摩擦片	6个月/5000km
空气滤清器	6个月/5000km	前、后制动摩擦片	6个月/5000km
空调滤清器	6个月/5000km	蓄电池	12个月/20000km
汽油滤清器	6个月/5000km	遥控器电池	12个月/20000km

××××易损耗件的种类范围及期限　　　　表3-5

零件明细	质量保证期限（时间/行驶里程）	零件明细	质量保证期限（时间/行驶里程）
机油滤清器	6个月/5000km	空调滤清器	12个月/20000km
空气滤清器	12个月/20000km	汽油滤清器	12个月/20000km

续上表

零件明细	质量保证期限（时间/行驶里程）	零件明细	质量保证期限（时间/行驶里程）
火花塞	12个月/20000km	蓄电池	12个月/20000km
制动衬片	12个月/20000km	遥控器电池	12个月/20000km
离合器片	12个月/20000km	灯泡	12个月/20000km
刮水器	6个月/5000km	熔断丝及普通继电器（不含集成控制单元）	12个月/20000km
轮胎	12个月/20000km	—	—

(4) 配件质量担保。

汽车配件的生产是相当严密的过程，各工序都有严格的检验关卡，但由于一些无法预料的特殊原因，产生配件质量缺陷是不可避免的，因此汽车制造厂或配件制造厂对其汽车产品及配件提供了有条件的保修索赔。

配件质量担保期限与整车质量担保期限有所不同。在整车保修索赔期内由特约服务站免费更换安装的配件，其保修索赔期为整车保修索赔期的剩余部分，即随整车保修索赔期结束而结束。也就是说，在整车保修期内，所有更换的零部件无论更换多少次，将同样享受保修服务，此零件的保修期限同整车保修期相一致，并随整车保修期结束而结束。

由用户付费并由特约售后服务点更换和安装的零部件，按从车辆维修结束且客户验收合格日和相应里程数计算。在此期间，因为保修而免费更换的同一配件的保修索赔期为其付费配件保修索赔期的剩余部分，即随付费配件的保修索赔期结束而结束。例如，客户在某汽车售后服务中心自费更换的除易损件以外的零部件将享有自更换之日起1年/2万km的零件保修，自费更换的易损件保修期为3个月/不限里程数。

(5)汽车维修质量担保。

交通运输部于2016年修订了《机动车维修管理规定》,其中第三十六条规定,机动车维修实行竣工出厂质量保证期制度。汽车和危险货物运输车辆整车修理或总成修理质量保证期为车辆行驶2万km或者100日;二级维护质量保证期为车辆行驶5000km或者30日;一级维护、小修及专项修理质量保证期为车辆行驶2000km或者10日。质量保证期中行驶里程和日期指标,以先达到者为准。机动车维修质量保证期,从维修竣工出厂之日起计算。第三十七条规定,在质量保证期和承诺的质量保证期内,因维修质量原因造成机动车无法正常使用,且承修方在3日内不能或者无法提供因非维修原因而造成机动车无法使用的相关证据的,机动车维修经营者应该及时无偿返修,不得故意拖延或者无理拒绝。在质量保证期内,机动车因同一故障或维修项目经两次修理仍不能正常使用的,机动车维修经营者应该负责联系其他机动车维修经营者,并承担相应修理费用。第三十八条规定,机动车维修经营者应该公示承诺的机动车维修质量保证期。所承诺的质量保证期不得低于第三十六条的规定。

(二)汽车三包政策

家用汽车产品三包政策《家用汽车产品修理、更换、退货责任规定》2012年6月27日由国家质量监督检验检疫总局局务会议审议通过,于2013年10月1日起正式实施。

1.汽车三包的定义

汽车三包政策是零售商业企业对所售商品实行"包修、包换、包退"的简称,指商品进入消费领域后,卖方对买方所购物品负责而采取的在一定限期内的一种信用保证办法。

汽车三包是汽车产品生产者、销售者和修理者在质量保证期内,因汽车产品质量问题,对汽车产品修理、更换、退货的活动和责任。质量保证期包括包修期、三包有效期和易损耗零部件的质量保证期。

家用汽车产品包修期限不低于3年或者行驶里程6万km,以先到者为准;家用汽车产品三包有效期限不低于2年或者行驶里程5万km,以先到者为准。家用汽车产品包修期和三包有效期自销售者开具购车发票之日起计算。

(1)包修:指家用汽车产品出现产品质量时,由修理者免费修理(包括工时费和材料费)的服务。

(2)包换:指家用汽车产品出现质量问题,并满足一定的条件时,由经销商为消费者提供换车和换总成零部件的服务。

(3)包退:指家用汽车产品出现质量问题,并满足一定的条件时,由经销商为消费者提供退车的服务。

2. 家用汽车的三包责任(表3-6)

家用汽车三包责任　　　　　　　　　　　　　　　　表3-6

期　限	责　任	三包责任	备　注
60日/3000km内	免费退车或换车	出现以下任意情况:转向系统失效、制动系统失效、车身开裂、燃油泄漏	—
	免费更换发动机、变速器总成	发动机、变速器的主要零部件出现产品质量问题	发动机的主要零部件:曲轴、主轴承、连杆、连杆轴承、活塞、活塞环、活塞销、汽缸盖、凸轮轴、气门、汽缸体;变速器的主要零部件:箱体、齿轮、轴类、轴承、箱内动力传动元件(含离合器、制动器)
2年/5万km内	有偿包退、包换整车	严重安全性能故障累计修理2次以上;同一总成或同一主要零部件累计更换2次以上	严重安全性能故障指家用汽车产品存在危及人身、财产安全的产品质量问题,致使客户无法安全使用家用汽车产品,包括出现安全装置不能起到应有的保护作用或者存在起火等危险情况;具体以国家颁布的《严重安全性能故障判断指南》为准;

续上表

期 限	责 任	三包责任	备 注
2年/5万km内	有偿包退、包换整车	严重安全性能故障累计修理2次以上；同一总成或同一主要零部件累计更换2次以上；	同一总成指发动机总成、变速器总成；同一主要零部件指发动机、变速器、转向系统、制动系统、悬架系统、前/后桥、车身的主要零部件；累计更换包括"发动机1次+变速器1次"的情况,总成和其主要零部件不重复计算,如发动机总成与发动机缸盖不重复计算
	有偿换整车	同一产品质量问题累计修理超过5次以上；三包有效期内质量问题累计修理时间超过35日	同一产品质量问题指同一最小可维修、更换的零部件出现质量问题的情况,与故障现象/模式无关；修理时间维修不足2h时的,算作1日
3年/6万km内	免费修理（工时和材料费）	出现产品质量问题	—

3.家用汽车三包的免除责任

（1）易损耗零部件超出生产者明示的质量保证期出现产品质量问题的,经营者可以不承担本规定所规定的家用汽车产品三包责任。

（2）在家用汽车产品包修期和三包有效期内，存在下列情形之一的，经营者对所涉及产品质量问题，可以不承担本规定所规定的三包责任：

①消费者所购家用汽车产品已被书面告知存在瑕疵的；

②家用汽车产品用于出租或者其他营运目的的；

③使用说明书中明示不得改装、调整、拆卸，但消费者自行改装、调整、拆卸而造成损坏的；

④发生产品质量问题，消费者自行处置不当而造成损坏的；

⑤因消费者未按照使用说明书要求正确使用、维护、修理产品，而造成损坏的；

⑥因不可抗力造成损坏的。

（3）在家用汽车产品包修期和三包有效期内，无有效发票和三包凭证的，经营者可以不承担本规定所规定的三包责任。

（三）保修索赔车辆业务接待

1. 车辆保修的定义

车辆保修是指汽车厂商对车辆出现质量问题给客户进行免费更换或修理服务。

2. 索赔的定义

索赔是指汽车经销商根据汽车厂商的保修索赔政策对车辆出现的质量问题进行免费更换或修理。新车首保就是索赔工作之一。

3. 索赔的要素

索赔的7个要素如下：

(1) 人物，索赔车辆客户进店，反馈故障，提出索赔诉求；

(2) 时间，客户车辆进店时间、索赔维修开始时间、索赔维修结束时间；

(3) 地点，索赔维修发生地点、现场救援地点；

(4) 车辆，索赔车辆；

(5) 政策，质量担保政策；

(6) 方案，索赔维修方案；

(7) 系统，一般为DMS系统。

4. 索赔的资料

索赔的资料如下：

(1) 原始单据，即索赔车辆客户进店维修发生的原始维修单据，包括接车问

诊单、委托书、出库单、结算单;

(2)故障旧件,即从索赔车辆上更换下来的故障原件,故障原件需店内留存,统一寄回汽车厂家;

(3)电子资料,索赔车辆需通知索赔员按厂家要求留存车辆里程、车架号、故障照片、视频等电子资料,以便厂家核查。

5.保修索赔车辆接待流程(图3-6)

(1)接车环节。当客户进店反映车有质量问题时,维修接待员首先要大致判断客户反映的故障部位是不是在厂家规定的保修范围内,开具工单,派工给车间维修技师。

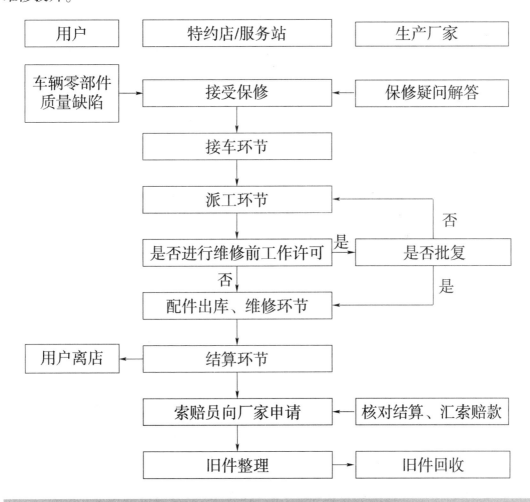

图3-6 保修索赔车辆业务接待流程

(2)检查维修。维修技师接到工单后,仔细检查车辆,确定故障部位是否属于本身质量问题,对可维修的部件进行维修,如果涉及更换新件,则要与保修索赔员沟通,查询是否在保修期限内,查看更换的配件是否需要向厂家进行维修前工作许可(Prior Work Admission,PWA)申请,如果需要,则由店内索赔员通过DMS系统向厂家提交维修故障、故障件照片或视频等相关申请内容,待厂家批复同意后方可维修。如果不需要提交PWA申请,确认车辆故障件在保修期且故障属于本身质量问题的,应为客户及时维修更换。

(3)配件出库。配件部接到领料申请单上需有索赔员同意出库的签字,才可出库索赔配件,否则是不允许以索赔件形式出库的。没有经过索赔员的同意确认,说明此配件很可能是厂家不允许索赔的。

(4)旧件回收。旧件回收是索赔很重要的一个步骤,更换下的原车旧件应返回厂家。如果没有旧件,那么无法确定是否为质量问题,厂家可以拒绝索赔。

(5)结算离店。维修结束后,维修接待员应立即打印结算单,向客户解释索赔维修项目,请客户签字确认。涉及索赔的维修费用由生产厂家支付,客户不必支付索赔维修费用。

小贴士

维修接待员需具备较强的综合素质与沟通协调能力,还需具有较高的专业知识水平、丰富的实践经验、交往及书面和口头表达能力、较强的信息搜集和查阅文献的能力以及准确分析问题和解决问题的能力。因此,维修接待员应建立合理的知识结构,学习服务标准与流程、市场营销、客户心理学、客户沟通技巧、汽车结构理论、汽车维修基础、产品知识、备件、保修政策、保险理赔、计算机操作、接车系统等知识,并能熟练灵活地运用到工作中。

二、任务实施

(一)任务目标

(1)能够按照汽车质量担保与三包政策,核对车辆信息,初步判定车辆是否符合保修条件,并为客户解释汽车质量担保内容。

(2)能够按照保修索赔车辆的接待流程,完成客户接待工作。

(3)能够根据维修技师对车辆的故障诊断,确定索赔维修项目,请客户签字确认后进行派工。

(4)能够在索赔维修工作结束后,打印维修结算单,做好维修项目解释工作,并请客户签字确认。

(二)准备工作

(1)学生分组(3~5人一组),明确组内分工及职责。

(2)为了帮助你更好地完成实战演练任务,准备了计算机、DMS、打印机、夹板、笔、环车检查单等,请根据任务需要进行选择。

(三)工作内容

1. 话术的设计

吴先生来4S店反映车辆在颠簸路面行驶时听到右后部有异响声。请你按照汽车三包政策,判定车辆是否符合保修条件,设计解释沟通话术。

1)实施标准

(1)根据吴先生描述的故障现象,在DMS系统查询车辆信息,初步判断是属于普通维修还是索赔维修车辆;

(2)根据初步判断内容与客户进行汽车三包政策的沟通解释工作。

2)注意事项

(1)接待在保修期内的客户时,维修接待员要做好解释工作,如实告知客户符合保修条件的会免费更换。如不符合的,由客户自费更换;

(2)维修接待员在查询车辆是否在保修期内时,除在系统查询购买信息,还需查看车辆实际行驶里程。行驶时间和里程两个质保期的限定条件缺一不可。

2. 索赔车辆的接待

吴先生的车辆经过核实属于保修索赔范围,请你按照保修索赔车辆的接待流程,完成吴先生车辆的接待工作。

1)实施标准

(1)在维修工作结束后,打印维修结算单,做好索赔维修项目解释工作,并请客户签字确认。

(2)检查索赔车辆的接车单、问诊单、委托书、出库单、结算单等原始维修单据。

(3)为客户展示维修旧件,展示后由店内回收旧件。

2)注意事项

(1)客户的接车单据、维修旧件是保修索赔的重要资料,维修接待员必须仔细检查核对,单据齐全,完整签字,旧件与原车对应。

(2)涉及索赔的维修费用由生产厂家支付,客户不支付索赔维修费用。服务顾问在开具维修项目时,应选择为保修索赔类型。

三、评价反馈

1. 自我评价

(1)对本学习任务的学习,你自己满意吗?
_____

(2)你能初步判断来店报修车辆是属于普通维修还是索赔维修车辆吗?
_____

(3)你能为客户解释汽车质量担保内容吗?
_____

(4)你能按照保修索赔车辆的接待流程,完成客户车辆的接待工作吗?
_____

2. 小组评价

(1)小组在接到任务之后,讨论如何完成任务了吗?
_____

(2)小组在完成任务过程中有明确的分工吗?
_____

(3)小组在完成任务过程中组员都积极参与、相互配合吗?
_____

(4)小组在完成任务过程中注重与客户沟通,能处理客户异议吗?
_____

(5)小组成员在规定时间内按要求完成客户故障车辆的质量担保与索赔了吗?
_____

3. 教师评价

(1)小组综合表现:_____

(2)优势:_____

(3)待提升之处:_____

四、学习拓展

1. 案例分析一

(1)案情简介。

某消费者的车辆在三包有效期内出现了底盘异响的故障,4S店经检查后对车辆进行了维修,前后更换了5次排气消声器和1个变速器,但是故障仍然存在,消费者以同一产品质量问题累计维修超过5次为由,要求4S店为其更换车辆。4S店称由于对故障原因判断错误,异响不是由排气消声器导致的,故更换排气消声器的5次维修不应纳入到修理次数中,拒绝为消费者更换车辆。

(2)分析处理意见。

本案例中对车辆底盘异响问题的6次维修解决的都是车辆同一个产品质量问题,不应因4S店的判断失误和错误维修,而侵犯消费者的合法权益,故本案例中4S店应为消费者换车。

2. 案例分析二

(1)案情简介。

某消费者的汽车自购买后,未在4S店维修以及其他厂家授权的维修店进行维护。车辆使用一段时间后变速器出现了故障,消费者选择非4S店对变速器进行了拆解维修,但由于维修不当,不仅故障未排除,且对变速器造成了进一步的损坏。此后,消费者要求4S店对变速器进行免费保修。4S店认为该消费者擅自拆解变速器而造成变速器损坏,驳回了保修申请。

(2)分析处理意见。

汽车三包规定第三十条第五款规定:因消费者未按照使用说明书要求正确使用、维护、修理产品,而造成损坏的,经营者对所涉及产品质量问题,可以不承担本规定所规定的三包责任。

本案例中由于消费者在非厂家授权的修理场所对变速器进行维修,且造成了变速器的损坏,故4S店可不承担与之相关的三包责任,但不免除其应承担的其他三包责任。

3. 案例分析三

(1)案情简介。

某消费者投诉:在三包有效期内,车辆出现发动机故障,4S店通过维修排查后确认发动机需更换零部件,但由于此车辆从未在任何厂家授权的修理场所做过车辆维护和检查,4S店表示不予免费维修。

(2)分析处理意见。

经营者不得要求消费者必须在授权的修理场所进行维护。汽车三包规定第三十条:因消费者未按照使用说明书要求正确使用维护、修理产品,而造成损坏的,经营者对所涉及产品质量问题,可以不承担本规定所规定的三包责任。本案例中,如车辆发动机故障与消费者未按照厂家要求维护车辆有关,4S店可以不予

免费维修,但不应免除4S店承担的其他三包责任。

4. 案例分析四

(1)案情简介。

某消费者在驾驶车辆过程中制动助力突然失效,4S店检查发现制动助力真空管的连接处脱落,从而导致制动助力功能丧失。车辆购买时间在60日内,且行驶里程在3000km内,消费者要求换车。但4S店以车辆常规制动还有效为由拒绝换车。

(2)分析处理意见。

汽车三包规定第二十条:家用汽车产品自销售者开具购车发票之日起60日内或者行驶里程3000km之内(以先到为准),家用汽车产品出现转向系统失效、制动系统失效、车身开裂或燃油泄漏,消费者选择更换家用汽车产品或退货的,销售者应该负责免费更换或退货。按照《严重安全性能故障判断指南》对"制动失效"的定义,制动失效包括制动助力功能突然失效。本案例符合退换车条件,4S店应负责为消费者换车。

5. 案例分析五

(1)案情简介。

某消费者在驾驶车辆过程中发动机舱位置出现冒烟现象,经检查发现发动机进水管开裂,导致发动机严重损坏。消费者持购车相关凭证,要求销售商换车或者修车。但销售商以车辆为平行进口车无三包为由,拒绝为该车辆保修。

(2)分析处理意见。

汽车三包规定第二条:在中华人民共和国境内生产、销售的家用汽车产品的三包,适用本规定;第四条:本规定所称三包责任由销售者依法承担。汽车三包规定中明确规定了三包责任由销售者依法承担,所以平行进口车销售者应履行三包责任。

子任务3 维修客户档案管理

学习目标

完成本学习任务后,你应该:

1. 能够按照维修客户电子档案操作要求,使用DMS完成客户维修档案信息的建立与管理;

学习任务三　汽车维修接待服务工作

> 2.能够操作 DMS,制作维修委托书;
> 3.能够操作 DMS,制作维修结算单。
> 学习内容
> 1.客户维修档案信息的建立与管理;
> 2.维修委托书的制作;
> 3.维修结算单的制作。
> 建议学时:6 学时

任务描述

2021 年 2 月 8 日,李先生驾驶一辆全新北京现代悦动轿车,带着家人进行春节自驾游。途中,李先生开到了 4S 店进行车辆首次维护。该车辆于 2020 年 10 月 30 日购买,已经行驶 4855km。李先生第一次到该店维护车辆,作为一名专业的维修接待员,你将如何完成车辆维修档案信息建立与管理工作呢?

要顺利完成李先生车辆维修档案信息的建立与管理工作,你需要收集客户和车辆基本信息,使用 DMS 系统建立客户基本信息、车辆的基本信息;与李先生确定维修项目,录入维修项目。并制作维修工单和结算单,维修结束后按照维修客户档案规范要求,对李先生的维修资料进行归档管理工作。

一、知识准备

(一)认识维修客户档案管理

对于汽车维修接待企业来说,客户是公司最基本的资产,是非常重要的经营资源,利用客户资源可以进行有效的感情联络及促销活动,所以必须对其高度重视,加以精心管理。要做好汽车维修客户关系维护与管理,首先要做的是建立客户维修档案。

1.客户档案的定义

档案是人们在社会活动中形成,加以保存以备查考的文件。汽车维修客户档案就是汽车销售、维修企业在向客户销售汽车、实施维修服务的过程中建立起来,以备日后查考的文件,它完整记录了客户车辆所有完成过的维护、修理项目,以纸质或电子文档方式(图3-7)保存。

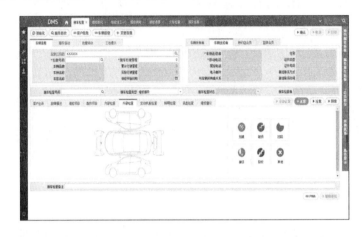

图3-7　电子版汽车维修客户档案

2.建立维修客户档案的目的

建立维修客户档案的目的如下。

(1)建立本企业的汽车维修客户关系,稳定基本的服务群体。

(2)了解目标客户的基本需求及个性化需求,进一步发掘汽车维修服务的市场需求,努力提高企业的获利水平。

(3)向客户提供有针对性的汽车维修服务,提高客户满意度和忠诚度。

3.建立维修客户档案的优点(图3-8)

(1)及时通知客户注意保修期限,从而既能赢得客户信赖,还能避免因缺乏及时维护而导致的车辆状况异常。

(2)及时提醒客户进行定期维护,以避免客户因工作繁忙、不太懂车而带来的定期维护疏漏,同时给企业带来维修利润。

(3)实现对车辆的正确维护。

(4)及时提醒客户车辆保险即将到期,及时续保,保障客户安全出行。

(5)有效规范客户抱怨及投诉的处理。

4.维修客户档案的用途

(1)车辆"保姆"。

对于汽车故障等问题,汽车维修企业能够借助完善的汽车维修档案,给客户提出使用建议、维护计划、修理保障等一系列方案,充当一个车辆使用、维修方面"保姆"的角色。

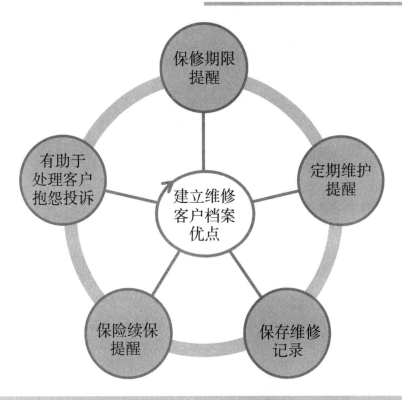

图 3-8　建立维修客户档案优点

（2）保管与更新。

客户档案编码及存放的原则应该是确保在需要时可以尽快查找得到。为此，建议由专人负责管理及更新，并且按照车牌号码的顺序编排存放，在存放纸质档案的同时，建立电子档案。

客户档案必须及时更新，只要获得了客户个人信息的变更，对客户的汽车进行任何维护、修理作业，都要在客户档案中予以体现，这样才能发挥客户档案的作用。如果没有及时更新客户档案，可能会在与客户的联系中造成令人尴尬的状况，让客户感觉企业管理不善，从而对企业失去信心。

（3）短信提醒服务。

借助于手机短信平台的群发功能，可以在特殊的日子向客户提供提醒服务，既可以使客户规避风险，又可以及时获得客户来店维修的业务量。例如：①定期维护提醒。②车辆年检、驾驶证审验提醒。③保险续保提醒。④客户生日、结婚纪念日等特殊日期的祝福。⑤恶劣天气、特殊情况的驾驶提醒。⑥公司活动通告。⑦对维修服务满意度跟踪调查。

5. 维修客户档案的来源

维修客户档案的来源如下。

（1）客户从本企业的特约经销店购买新车或二手车时留下的相关信息。

（2）客户从其他经销店购买汽车,第一次来店接受维修服务时建立的档案。

（3）从其他渠道获得的客户档案资料。

无论从什么渠道获得的客户档案都需及时更新。将客户在与企业交往、交易过程中所表现出来的特质或典型事件记录,以便在以后的维修服务中使用。

（二）使用 DMS 建立维修客户档案

1. DMS 的定义

DMS 是 Dealer Management System 的英文缩写,指汽车经销商管理系统,主要用于对汽车公司庞大的销售网络进行管理,DMS(图 3-9)涵盖了针对汽车 4S 店整车销售、零配件仓库、售后维修服务(含车间管理)、客户服务等,并且在主机厂和经销商之间能成功搭建一个互动交流的信息桥梁,全面满足经销商对"汽车销售、维修服务、配件供应、信息反馈、客户关系"等业务的信息化管理。

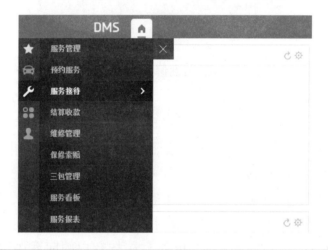

图 3-9　DMS 汽车经销商管理系统

2. DMS 系统的作用

DMS 系统的作用如下。

（1）DMS 能让经销商及时掌握市场变化、提高信息交流的时效性、压缩中间运营成本、减少资源浪费,最大限度保证在有限的投入下,实现用户的商业目标。

（2）DMS 对于汽车维修流程的管理非常的详细,从前台接车录入基本信息,到故障检测,到维修派工,再到配件领料,然后完工审核,最后到结算出厂,所有的维修信息,配件领用情况,维修工时记录等都有详细的操作,同时在维修档案报表中随时都可以查看到每一辆车的维修记录和详细情况。

(3)汽车4S店可以使用DMS轻松的建立客户维修档案。同时在系统中还有维修收入利润报表、班组产值统计、保险索赔报表等等。这些统计报表能够有效地帮助汽车维修店统计计算出成本利润,盈亏一目了然。

3.使用DMS建立维修客户档案信息的操作步骤

在售后服务模块中建立维修客户档案信息,采用流程化管理,各品牌的DMS在售后服务中设置的维修接待流程略有差异,大致包括接车检查、维修委托、维修派工、维修领用、维修进度、交车检查、服务结算7个步骤(以北京现代DMS系统为例)。

1)运行DMS

打开DMS,出现用户登录界面(图3-10)。操作人员输入用户名和密码,点击"登录"即可进入。

图3-10　DMS用户登录界面

DMS售后服务中操作人员有维修接待员、信息员、保修索赔员、服务经理、服务总监等。各4S店系统管理员根据操作人员的工作职能分配操作权限。

2)接车检查

(1)"接车检查"界面(图3-11)输入车辆识别号,点击"🔍",查询该车车辆信息、车辆所有者、车辆送修者信息等。

①车辆信息包括车辆识别号、车牌号、车辆品牌、车种名称、车款名称、外观颜色、发动机号码、行驶里程、使用性质、车辆销售日期、保修开始日期、保险结束日期、保险公司名称、特约销售店等。

②车辆所有者信息包括姓名、移动电话、邮政编码、详细地址、证件号码、性别、出生日期、客户类型等。

③车辆送修者信息包括姓名、移动电话、邮政编码、详细地址、证件号码、性

别、出生日期、客户类型等。

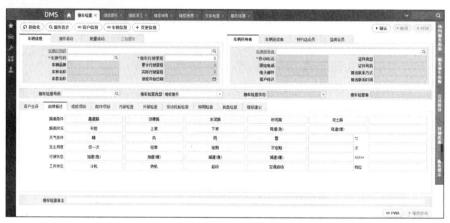

图 3-11　DMS 接车检查界面

(2)变更信息。当车辆信息(图 3-12)、车辆所有者信息和车辆送修者信息(图 3-13)发生变化时,可点击"变更信息"选项进行更改,再点击"登记"进行保存。

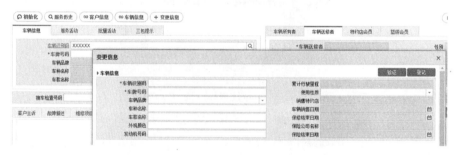

图 3-12　车辆信息变更

图 3-13　车辆所有者和送修者信息变更

(3)"服务历史"(图 3-14)选项中可以查询车辆历史维修记录。

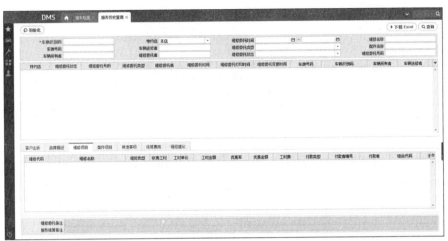

图 3-14　服务历史查询

(4)"接车检查"界面包括客户主诉、故障描述、内部检查、外部检查、发动机舱检查、照明检查、底盘检查、维修建议等。

(5)"接车检查"界面录入完毕后,必须再次检查带有"＊"的车辆识别号、车牌号、接车行驶里程、车辆所有者姓名和移动电话、车辆送修者姓名和移动电话等信息录入准确无误。

3)维修委托

在"接车检查"界面右下角点击"维修委托"选项后,跳转为"维修委托"界面(图 3-15)。

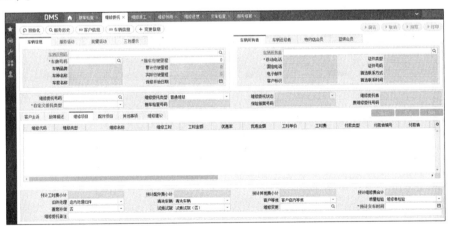

图 3-15　DMS 维修委托界面

(1)"维修委托"界面中,在"＊自定义委托类型"(图 3-16)下拉菜单里有维护、修理、首保、保修、保险、其他共6个选项,根据车辆报修情况选择。

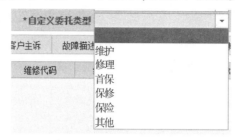

图3-16　自定义委托类型

(2)在"维修项目"点击"添加"按钮,按实际情况录入完成。

(3)在"配件项目"点击"添加"按钮,按实际情况录入完成。

(4)"其他事项"可开具拖车费、外协费用。

(5)"维修建议"是服务顾问建议客户维修的项目,当客户同意维修后,可转为正式的维修项目;如果客户暂时不需要维修,则会将相应的项目打印在结算单中,以作提醒。

(6)在"﹡预计交车时间"中选择给客户预估的维修交车时间。

(7)"维修委托"界面信息录入完后,依次点击右上方"确认""打印"按钮,打印出维修委托书。维修委托开单操作完毕,接下来车辆将进入车辆派工作业管理流程。

4)维修派工

"维修派工"界面(图3-17)由车辆调度员根据车间维修情况点击操作,将维修车辆分配给相应维修工种、维修班组和维修工位。

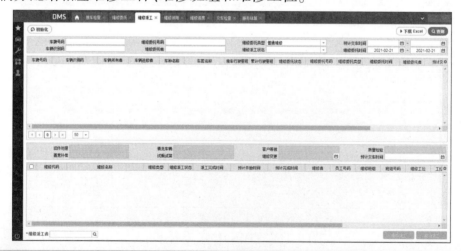

图3-17　DMS维修派工界面

5）维修领用

"维修领用"界面(图3-18)由维修班组人员在配件仓库领取维修配件后点击。

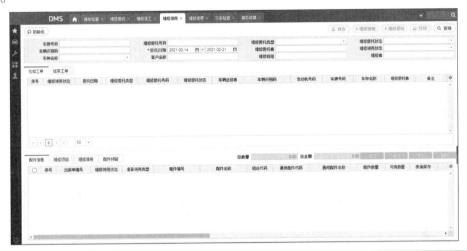

图3-18　DMS维修领用界面

6）维修进度

"维修进度"界面(图3-19)由维修班组人员根据车辆维修情况选择"维修开始""维修暂停""维修继续""维修完成"点击。

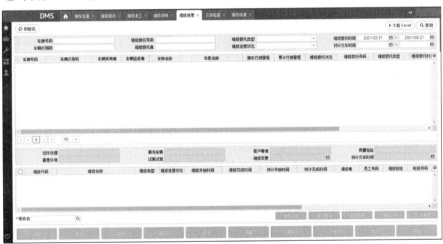

图3-19　DMS维修进度界面

7）交车检查

维修完成后进入"交车检查"(图3-20)环节，维修接待员需逐项确认交车检查状态，是否维修委托完成、索赔旧件配件处理、质量检验确认、车辆清洗情况、服务标识回收等。

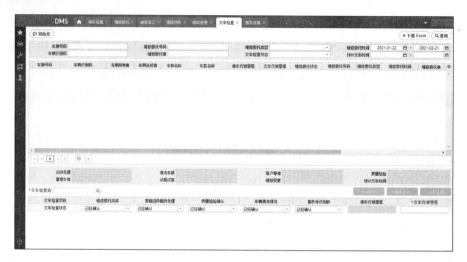

图 3-20　DMS 交车检查界面

8)服务结算

"服务结算"界面(图 3-21)是对已经竣工的维修工单进行结算处理,并重新计算一遍该工单各项目的应收金额。核对完毕,维修接待员点击"维修结算",打印维修结算单。

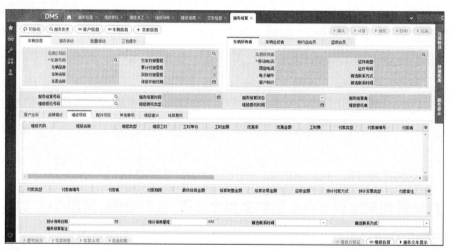

图 3-21　DMS 服务结算界面

(三)维修客户档案管理

维修客户档案管理,是汽车维修的基础管理工作,也是企业生产、技术管理的基础工作。

(1)客户进厂后,维修接待员当日要为其建立业务档案或更新档案;客户维修档案由售后服务部门负责收集、整理后交由客户关系部专员登记保管。

(2)对客户基本信息应进行整理,并利用电脑存档;纸质档案应保持整齐、完整,不得混杂乱装,档案袋应有明确的标识,以便检索查询,同时防止污染、受潮、遗失。

(3)车辆维修竣工后,检验员应在车辆技术档案中记载总成和重要零件更换情况及重要维修数据。

(4)单证入档后,除工作人员外,一般人员不得随意查阅、更改、抽换。如确需更正,应经有关领导批准同意。

(5)档案内容有客户有关资料、客户车辆有关资料、维修项目、修理维护情况、结算情况、投诉情况,一般以该车"进厂维修单"的内容为主。老客户的档案资料表填好后,仍存入原档案袋。

(6)客户维修档案应保存两年以上,档案保存期限根据各品牌经销商规定。

> **小贴士**
>
> 如今计算机技能是每个人所要具备的基础性工作技能之一。由于维修接待员需要收集客户的相关信息并要及时反馈,就需要使用 DMS 建立客户的档案和客户车辆档案等信息。这要求维修接待员必须要有较好的计算机应用能力及信息处理能力,学会熟练操作计算机以及 DMS 汽车维修业务接待软件,不断提升自身业务本领,提高工作效率。

二、任务实施

(一)任务目标

(1)能够按照维修客户电子档案操作要求,运行 DMS,使用 DMS 建立客户档案及车辆维修信息。

(2)能够操作 DMS,制作维修委托书。

(3)能够操作 DMS,制作维修结算单。

(二)准备工作

(1)学生分组(3~5人一组),明确组内分工及职责。

(2)为了帮助你更好地完成实战演练任务,准备了以下工具设备、耗材以及表单资料(表3-7),请根据任务需要进行选择。

准备清单列表　　　　　　　表3-7

工具、设备名称	图　示	作　用
计算机、DMS		用于建立或完善维修客户电子档案
打印机		用于打印维修派工单、维修结算单
夹板、笔		体现维修接待员的专业性，便于更好地为客户提供接待服务
环车检查单		记录客户及车辆信息，以及用于车辆内饰及外观检查时如实记录客户车辆情况

(三)工作内容

1.准备工作

邀请客户李先生一同到接待台，确认和完善DMS系统中客户和车辆的基本信息，对车辆预检情况进行总结。并运用自己的专业知识向李先生提出合理的维修项目建议，解释委托维修条例，估算维修工时费、材料费及其他费用，并告知客户预计完工时间等。

1）实施标准

（1）与李先生共同完成 DMS 客户和车辆基本信息建立和完善；

（2）根据车辆预检情况，运用自己的专业知识向李先生提出合理的维修项目建议，估算维修工时费、材料费、其他费用以及完工时间，并录入 DMS 系统；

（3）在 DMS 系统打印维修委托书，并请客户分别在维修委托书上签字；

2）注意事项

（1）使用 DMS 系统录入客户基本信息、车辆基本信息、维修项目的过程中要展现出服务顾问专业、诚信、负责的态度，同时履行对客户的承诺，培养客户对企业的信任。

（2）DMS 系统打印的维修委托书，维修接待员与客户都要进行签字确认。

2. 结算处理

维修完成后，使用 DMS 系统对已经竣工的维修工单进行结算处理，打印维修结算单，向客户逐项解释维修内容和费用，确认后与客户在维修结算单上签字。

1）实施标准

（1）维修完成后，逐项确认交车检查状态后进行 DMS 系统的结算处理；

（2）在 DMS 系统打印维修结算单，向客户逐项解释维修内容和费用，确认后请客户在维修结算单上签字。

2）注意事项

（1）维修费用往往是客户较为关心及敏感的话题，做好费用解释工作往往决定服务工作的成败，要做到让客户清楚、放心消费。

（2）DMS 系统打印的维修结算单，维修接待员与客户都要进行签字确认。

三、评价反馈

1. 自我评价

（1）对本学习任务的学习，你自己满意吗？

（2）你能与客户共同完成 DMS 客户和车辆基本信息的建立和完善吗？

（3）你能根据车辆预检情况，向客户提出合理的维修项目建议，在 DMS 系统制作维修委托书吗？

(4)你能在维修完成后,逐项确认交车检查状态,进行 DMS 系统的结算处理吗?
_____

2.小组评价

(1)小组在接到任务之后组内讨论如何完成任务了吗?
_____

(2)小组在完成任务过程中有明确的分工吗?
_____

(3)小组在完成任务过程中组员都积极参与、相互配合吗?
_____

(4)小组在完成任务过程中注重与客户沟通,能处理客户异议吗?
_____

(5)小组成员在规定时间内按要求完成客户档案与维修档案的建立与管理了吗?
_____

3.教师评价

(1)小组综合表现:_____

(2)优势:_____

(3)待提升之处:_____

四、学习拓展

北京现代全新 ix35 的 1 万 km 维护项目有:(1)更换机油;(2)更换机油滤清器;(3)更换油塞密封垫;(4)常规维护检查。

当车辆在高速行驶时踩刹车方向盘抖动厉害时,可能原因和解决方案如下。

刹车盘不平。这种故障主要表现在高速踩刹车时方向盘抖动,需要更换或打磨刹车盘。车辆高速行驶时突然踩刹车出现方向盘抖动。刹车用力过猛、过频可能会导致刹车盘、刹车片过热,遇冷变形,引起方向盘抖动。一般使用刹车盘光磨机进行光磨或更换刹车盘、刹车片后,故障即可得到解决。

参 考 文 献

[1] 李景芝,刘有星.汽车维修服务接待[M].北京:人民交通出版社,2010.

[2] 黄会明,倪勇.汽车4S企业管理与业务接待[M].北京:机械工业出版社,2017.

[3] 王彦峰,杨柳青.汽车维修服务接待[M].北京:人民交通出版社股份有限公司,2018.

[4] 赵伯鸢.汽车维修业务接待[M].北京:中国劳动社会保障出版社,2017.

[5] 王彦峰.汽车维修接待实务[M].北京:人民交通出版社股份有限公司,2017.

[6] 潘波.汽车维修业务接待实务[M].北京:机械工业出版社,2012.

[7] 曾鑫.汽车维修业务接待实务[M].北京:机械工业出版社,2017.

[8] 邢茜.汽车维修业务实务[M].北京:人民交通出版社股份有限公司,2019.

[9] 段钟礼.汽车服务接待实用教程[M].北京:机械工业出版社,2010.